**版权声明**

Push Past It! © 2019 Angela Searcy. Original English language edition published by Gryphon House Inc. P.O. Box 10 6848 Leons Way, Lewisville North Carolina 27023, USA. Arranged via Licensor's Agent: DropCap Inc. All rights reserved.

保留所有权利。非经中国轻工业出版社"万千教育"书面授权，任何人不得以任何方式（包括但不限于电子、机械、手工或其他尚未被发明或应用的技术手段）复印、拍照、扫描、录音、朗读、存储、发表本书中任何部分或本书全部内容，以及其他附带的所有资料（包括但不限于光盘、音频、视频等）。中国轻工业出版社"万千教育"未授权任何机构提供源自本书内容的电子文件阅览、收听或下载服务。如有此类非法行为，查实必究。

# Push Past It!
## A Positive Approach to Challenging Classroom Behaviors

# 如何应对幼儿的挑战性行为？
## 超越常用管教方法的有效策略

[美]安杰拉·瑟西（Angela Searcy）／著
吴 航／译

中国轻工业出版社

图书在版编目(CIP)数据

如何应对幼儿的挑战性行为?:超越常用管教方法的有效策略/(美)安杰拉·瑟西(Angela Searcy)著;吴航译. -- 北京:中国轻工业出版社,2025.1.
ISBN 978-7-5184-5208-8

Ⅰ.G61

中国国家版本馆CIP数据核字第2024M165T4号

责任编辑:牟　聪　　　　责任终审:张乃柬
文字编辑:李芳芳　　　　责任校对:刘志颖
策划编辑:吴　红　　　　责任监印:吴维斌

出版发行:中国轻工业出版社(北京鲁谷东街5号,邮编:100040)
印　　刷:三河市鑫金马印装有限公司
经　　销:各地新华书店
版　　次:2025年1月第1版第1次印刷
开　　本:710×1000　1/16　印张:15
字　　数:230千字
书　　号:ISBN 978-7-5184-5208-8　定价:62.00元
读者热线:010-65181109
发行电话:010-85119832　　010-85119912
网　　址:http://www.chlip.com.cn　http://www.wqedu.com
电子信箱:1012305542@qq.com
版权所有　侵权必究
如发现图书残缺请拨打读者热线联系调换
232358Y1X101ZYW

# 译 者 序

3—6岁幼儿在幼儿园、家庭中产生诸如身体攻击、言语攻击、发脾气、撒谎等挑战性行为，似乎越来越司空见惯了。与此同时，受传统行为干预范式的影响，儿童的行为问题往往被视为一个需要"治疗"的问题，而非教育问题。这导致大多数人认为，幼儿挑战性行为的干预与改善应该交由具有行为心理学、心理治疗等专业知识背景的治疗师。真的是这样吗？本书作者提供了另一个考虑问题的视角，那就是从教育的角度重新审视幼儿的挑战性行为，从而进一步确认幼儿行为干预应有的课程地位。

在现实生活中，幼儿教师，特别是新手幼儿教师，在面对幼儿的诸多挑战性行为时往往感到手足无措，甚至通过排斥性管教的方式加以应对，继而导致事倍功半，或教育效果微乎其微。本书作者基于自己多年的实践经验和前人的研究成果，明确给出极具操作性的应对幼儿挑战性行为的"Push Past It（超越它）"策略。本人在翻译的过程中努力思考其背后的理念与思想，发现这一策略并非如我初见时想的那样简单。

第一，强调"叙事反思"。加拿大学者迈克尔·康纳利（Michael Connelly）曾说过，"对于我们每个人来说，越理解自己，越明白是我们所是、做我们所做和选我们所选的原因，我们的课程就越有意义……我们需要通过人生经验的叙事来理解人……仅仅把儿童当作学生去理解和仅仅把我们当作教师去理解都是不可能的"。我们只有深入理解自己，才能知道我们是哪一种教师，我们会怎样说和怎样行动。对幼儿来说，也同样如此。因此，我们能够看到作者开篇就从对自身生活经历的叙事出发，通过讲故事、说经历，帮助教师深刻体认、反思自己的成长及其对自身教育观念和行为的影响。

第二，突出"关系思维"。在应对幼儿的挑战性行为时，教师不应仅仅"就事论事"，只聚焦于"行为"本身，而是要先修复自身与幼儿之间的关系"裂痕"。从关系社会学的视角出发，关系是更为根本的社会实在，教师正是在与幼儿持续的社会互动及其形成的关系中逐渐改变幼儿的行为、感觉和思考方式。因此，与幼儿建立积极、稳固、信任的关系尤为重要，它是具体的实践策略发挥实效的前提和基础。本书的"关系"建构思想不仅体现在师幼之间，也反映在教师与家长、教师与教师、教师与其他儿童利益相关者之间。

第三，反映"赋能视角"。赋能意味着使主体自身发挥能动性，深入挖掘其行动潜力。他人不再将主体的困境作为关注焦点，而是对主体自身解决问题的能力持一种更加积极的看法。最直接的反映就是，作者用"挑战性行为"这一词语代替了"问题行为"，在具体的策略中强调"选择积极的因素""理解每个人的观点"等。

第四，体现"循证立场"。本书的很多结论并非单纯的经验总结，而是建立在科学研究的基础之上。例如，在论述师幼建立良性关系的必要性时，作者引用了多人的研究成果，尤其是约翰·戈特曼（John Gottman）和罗伯特·利文森（Robert Levenson）的研究成果。这些研究表明：在牢固的人际关系中，把握积极时刻和消极时刻的比例至关重要；积极关系是消除挑战性行为的重要根基。

本书共十章。第一章"目前管教的方法"，指明了针对挑战性行为的现有应对策略及其可能存在的弊端。第二章"从你的自律开始"，突出自我反思在改进幼儿挑战性行为中的重要作用。第三章"用专业的眼光看待挑战性行为"，聚焦教师的专业价值观和实践对其应对幼儿挑战性行为可能带来的影响，提出具体的改进步骤，具体包括理清自己的感受、修复与幼儿的关系裂痕、找到支持关系的策略与方法等。作者也在此章首次提出"超越它"策略。第四至六章重点围绕"与家长合作""1—6岁儿童的发展适宜性行为"和"理解创伤对儿童行为的影响"展开，分析了影响幼儿挑战性行为的诸多因素。第七至十章，具体结合实例，描述了包括身体攻击、言语攻击、撒谎、霸凌、反抗、发脾气等在内的各类挑战性行为的表现，在分析家庭因素和环境因素的基础上，提出了

"改变自己""改变孩子"和"改变后果"三大应对策略，提供了包括"意义生成图"等在内的一系列具有可操作性的分析工具。

本书翻译主要由本人完成。本人的部分硕士研究生参与了校译，具体分工如下：原著序和第一章由吕雪雯负责；第二章由郭啸尘负责；第三章由陈昶多负责；第四章由王童谣负责；第五章由黄奕扬、李江昊负责；第六章由陈梓萌负责；第七章由万春庭负责；第八章由侯曼负责；第九章由周媛、陈梓萌负责；第十章和附录由刘甜甜负责。本书的策划编辑吴红老师为本书的付梓和出版付出了大量劳动，在此衷心表示感谢！希望本书的翻译和出版，对幼儿教师解读和积极应对幼儿各类挑战性行为有所启示和裨益。翻译过程中难免存在疏漏和不妥之处，恳请读者批评指正。

吴航
2024 年 7 月于华中师大桂子山

# 原 著 序

当我第一次在教室里摸到湿乎乎的东西时,我虽然不知道它来自何处,但也没有特别反感。这时候,我知道我找到了我梦想的工作!我天生就是当教师的料。

教学是一段漫长而坎坷的旅程,充满了坑洼和弯路。当幼儿表现出挑战性行为时,道路似乎更显得漫长而曲折,坑洼和弯路似乎难以走过。但你若有一个好的导航系统,就能找到出路。它可以帮助你理解为什么孩子会打你、捶你、踢你、咬你、骂你,偶尔还会舔你的东西。

你之所以会读这本书,可能是因为你终于发现:在你的班级里,最具挑战性的学生总有"完美"的出勤情况——早上第一个到达,晚上最后一个离开,而且他还有弟弟妹妹!为了帮助你在不丧失理智的情况下度过接下来的学年,帮助你做好准备改变对最具挑战性学生的看法,我要分享我的挑战性行为导航系统——"超越它"。

这个系统和这本书是我近三十年教育经验的结晶,涉及我教授不同年龄段的学生的经验,我作为治疗师评估和治疗不同年龄段的人的经验,以及在不同环境中为美国各地的学校和家庭提供咨询的经验。就像流行说唱艺人赢得街头信誉一样,我和丈夫雷金纳德一起抚养了四个孩子,作为家长,我也赢得了(现在仍在持续获得)自己的信誉。

为了帮助你更好地应对挑战性行为,我还会介绍一些关于挑战性行为的案例和研究。由于我曾经是一名教师,我意识到当我提及"研究"这个词时,我就失去了一半的听众。一提到研究,许多教育工作者就会置若罔闻,因为我们认为:研究往往是由那些课堂经验几乎为零的人做的;由密集、枯燥的学术语言构成,针对的是研究人员,而不是教师;研究对象并不能代表我们教室里的孩子。我完全支持教师开展循证实践。无论如何，最终是教师，而不是科学家，考虑相关研究的影响并将其应用于课堂。此外，我知道有些研究可能会令人困惑，甚至产生误导。我情愿相信在某健康服务平台上看到的一项研究——该研究声称喝一杯红酒比在健身房锻炼 3 小时对人体更好，虽然我并不确定这种说法是否科学。

本书力求使研究过程清晰易懂，研究结果行之有效。书中的结论基于不同地区的大量研究得出。我也专注于应用研究，因为它不是为了研究而研究，它的研究重点是寻找可以直接应用于实践的解决方案。我强调的大多数研究并不着眼于实验室中发生的事情，而着眼于实际课堂（就像你的课堂一样）上发生的事情。我鼓励你查阅本书的参考文献，阅读更多关于我所展示的研究的细节。

对了，我要提醒一下——如果配上一杯红酒，那么阅读这本书可能会更有趣，不过它无法取代你在当地健身房锻炼 3 小时。

## 我遇到的严峻挑战

尽管我无法亲眼看到你们作为幼儿教育工作者所看到的每一个方面，但我清楚你们正在经历什么。近三十年来，我每天都处在真实的课堂中。在一些较为糟糕的情况下，我用了本书中的理念来消除孩子们的挑战性行为——打人、咬人、发脾气、扔家具、咒骂、随地吐痰等。下面的案例可以说是我经历过的一个最极端的情况。

让我们回到 2010 年，当时我是美国伊利诺伊州芝加哥市西区一个早期儿童项目的顾问。在那个炎热的夏天，我收到了一封电子邮件，这封邮件的内容跟该项目中的一名学生有关，我称他为哈利。他不仅好斗、不听话，还经常触摸同伴的隐私部位，并朝他们身上撒尿。当我走进教室去观察他时，哈利立刻注意到了我，咬着牙，问我是不是为他而来的。我结结巴巴地说："不……不。"当看到哈利对一个怀孕的教师说他要杀死她的孩子时，我惊呆了。那天，那名教师哭了。

其他孩子的家长拨打了报告虐待和忽视儿童事件的热线电话，儿童和家庭服务部（Department of Children and Family Services，DCFS）的相关人员在前一天也特别调查了这件事。哈利经常尿在一个孩子的身上，这个孩子的家长说："如果他再次往我孩子身上撒尿，我就要……"相信你能想象到剩下的话。其他孩子纷纷告诉他们的父母，他们每天是多么害怕来学校。因为哈利的缘故，很多家长想让他们的孩子退出这个项目。令人吃惊的是，这个孩子的行为居然会危及整个项目。

在我调查访问期间，管理人员告诉我，如果哈利再这样，他就会被除名。随后他们在桌子上放了一大摞事故报告给我看。我知道我们面临着艰巨的任务，但我也知道"超越它"可以帮助我们取得成功。它确实做到了。通过仔细、持续的观察和反思，教师、管理人员和我能够针对哈利、他的老师和他们的情况，精心制定出具体的策略。我们成功地帮助哈利改正了自己的不当行为，留在项目中，并成功地度过了一整年。

## 这本书会如何帮助你？

如果你正在读这本书，那么我猜测你可能每天都会面临严重的、常常伴随着危险的、情绪化的一些状况。教育工作者、儿童和家长往往没有能力应对这些挑战，这驱动着我撰写这本书。使用本书中的框架指南，我希望你能学习到指导幼儿亲社会行为的有效技巧。

本书可以帮助你在理解自身状况的同时明确行动的方向，它尊重这样一个事实，即最佳的解决方案往往是协同创造的，它同时能根据不同的具体情况采取不同的方法。这个逻辑模型可以帮助你检查自己潜在的盲点，并揭示出你可能没有考虑过的方法。它有助于促进你的自我意识、自我反思和正向观念的发展，这些都是厘清和磨炼你的思维所需要的。这将帮助你选择适合自己情况的解决方案，并使你充满自信，就像杂货店里穿雨鞋和芭蕾舞裙的 3 岁孩子那样。

针对挑战性行为的干预措施通常旨在提升幼儿的能力。然而，由于你唯一能控制的人是你自己，因此本书旨在探讨增强你能力的方法。当你了解自己的观点和感受时，你就能更好地帮助那些每天挑战你的孩子。

挑战性行为的出现恰恰是造就更好的项目和更好的教师的契机。当成人感到沮丧并让孩子远离项目时，他们不仅剥夺了孩子进步的机会，也剥夺了参与该项目的成人进步的机会。我希望本书能给你提供实用的技能和指导，让你找到自己的路，保持正确的方向，并能处理下一个拐角可能发生的任何事情。

# 目　录

**第一章　目前管教的方法** ········································· 1
　　定义问题 ························································· 1
　　幼儿教育中常用的管教方法及其弊端 ···················· 4
　　为什么排斥不是答案? ······································· 9
　　小结 ···························································· 22

**第二章　从你的自律开始** ········································· 23
　　你过去的经历会影响你现在的反应 ······················ 23
　　回顾自己的经历 ·············································· 25
　　审视你的气质 ················································· 31
　　审视你的文化视角 ··········································· 33
　　处理你的经历 ················································· 36
　　识别个人偏见 ················································· 38
　　小结 ···························································· 45

**第三章　用专业的眼光看待挑战性行为** ····················· 47
　　定义你的专业自我 ··········································· 47
　　分析你目前的专业实践 ····································· 50
　　梳理你的行为 ················································· 64
　　小结 ···························································· 74

| 第四章 | 与家长合作 | 77 |
|---|---|---|
| | 对家长使用"超越它"策略 | 77 |
| | 一些常被误解的家长行为 | 80 |
| | 沟通 | 84 |
| | 为什么我为幼儿做的事情比家长做的还多? | 88 |
| | 小结 | 92 |
| 第五章 | 1—6岁儿童的发展适宜性行为 | 93 |
| | 你对发展适宜性行为了解多少? | 93 |
| | 1—6岁儿童的发展适宜性行为 | 96 |
| | 行为即沟通 | 115 |
| | 小结 | 116 |
| 第六章 | 理解创伤对儿童行为的影响 | 117 |
| | 定义创伤 | 118 |
| | 创伤如何影响幼儿的行为? | 120 |
| | 关掉危险刻度盘 | 128 |
| | 小结 | 128 |
| 第七章 | 分析挑战性行为 | 131 |
| | 赋予行为以意义 | 131 |
| | 身体攻击 | 132 |
| | 言语攻击 | 139 |
| | 撒谎 | 142 |
| | 霸凌和排斥 | 145 |
| | 不听话,不服从,反抗,不愿参与 | 147 |
| | 缠人、哭泣和发脾气 | 151 |

当你努力寻找挑战性行为背后的意义时 ················· 155
小结 ························································· 159

## 第八章　建立你的背景支持 ································· 161
确定你的行为评估系统 ································· 161
实施策略的原则 ········································· 166
为自己和同事提供支持 ································· 169

## 第九章　应对挑战性行为的策略 ························· 173
选择一套策略 ············································ 173
运用"改变自己""改变孩子"和"改变后果"策略 ····· 179
应对常见的挑战性行为的一般性策略 ················ 181
一日生活中的挑战性行为 ······························ 196

## 第十章　成功实施策略 ····································· 203
遇到困难时要有耐心 ···································· 203
5R 循环 ···················································· 204
小结 ························································· 210

## 附录 ································································· 211
附录 A　"超越它" ······································ 211
附录 B　关系修复计划表 ······························ 212
附录 C　行为检核表 ···································· 213
附录 D　意义生成图 ···································· 218

## 参考文献 ·························································· 223

# 第一章 目前管教的方法

我的教育之旅始于1990年。在我走进那个黄色的房间后,一名3岁的幼儿向我打招呼,问我:"你的想法是什么颜色的?"就在那时,我意识到我在这个世界上找到了自己的位置。尽管我找到了自己的使命,但与小孩子打交道并不容易。我永远不会忘记1996年的一天,我负责照顾的一个可爱的孩子在另一个更小的孩子脸上咬下了一大块肉。当受伤的孩子被担架抬走时,我身边站着一群愤怒的父母。我体会到复杂的情绪:困惑、无助、愤怒、恐惧、羞耻和尴尬。这么多年过去了,我现在不介意将自己的丑事外扬。事实证明,我遇到的情况并非个例。

## 定义问题

幼儿具有挑战性行为——哭闹、发脾气、咬人、咒骂,以及其他行为——可能是幼儿教师最常遇到的职业危机。保罗·弗里克(Paul Frick)在回顾世界各地的研究者的研究后发现,行为障碍(长期的严重行为问题)所造成的困扰在各大洲之间差别不大。此外,当被问及最迫切的需求时,幼儿教育工作者强调:他们需要接受如何应对幼儿挑战性行为的培训。教师将幼儿的挑战性行为描述为他们在提供高质量教学时遇到的最大障碍之一。研究人员尼尔·格拉斯哥(Neal Glasgow)、凯茜·希克斯(Cathy Hicks)和琼·朱克曼(June Zuckerman)断言,校长、主任和公众在评估教师时,经常关注的是他们预防和管理幼儿攻击性行为的能力。

压力很大,是不是?

我知道这种持续性的压力会带来哪些危害。作为一名新教师，我曾感到巨大的压力，因为幼儿在课堂上的行为挑战快速堆积，速度简直比州际公路上的车还快。我无法从一开始就预防这些行为发生，也无法在这些行为发生时有效地处理它们，所以我一直担心自己的无能会对学生的未来造成消极的影响。我甚至在睡梦中也无法逃离我的教室！我曾梦见，在一次重要的课堂观摩活动中，孩子们吃了我的教案，摔烂了我的教具。

我就是不明白。尽管我开展了所有训练，付出了所有努力，但是每天都有新的恶作剧要我处理。我做错了什么？为什么我不能让我的学生规矩点儿？

在这段时间里，我收到了大量善意的关于挑战性行为的处理建议，这些建议通常是别人主动提出的。不幸的是，我发现所有这些建议都可能导致出现僵局，甚至会带来更多问题。

我的校长开始四处打探，从我身上寻找问题，而不是寻找孩子的问题。

好心的同事给了我一本关于如何处理挑战性行为的厚书，但我没时间去读，因为我实在太忙了。

我所在学校的心理健康咨询师赫尔普顿女士，不是向我重复我已经知道的道理，就是给我一大堆荒谬的主意。不管怎样，她把我困在教室里，没提供给我任何实施她的建议的具体支持——不过反正我也不可能做到。

我的教育协调员送我去参加一系列行为研讨会，里面充满了不相关的假设情况和"神奇的独角兽"——我的意思是指不切实际的解决方案——似乎不可能实现的那种。这些"专业发展机会"往往会削弱我的自信心。与此同时，当我回到我的教室时，那个需要我寻求更多帮助来支持的孩子正在变得越来越糟。

这些场景是不是读起来很熟悉？

研究表明，你并没有做错什么。做教师的确就是这么不容易。公共教育中心（the Center for Public Education，CPE）的艾莉森·古拉姆侯赛因（Allison Gulamhussein）编撰的一份报告，展示了教师是如何被行为管理理念"轰炸"的。在这些理念中，没有任何组织结构，也没有任何将新技术与教师的教学风格或班级需求相结合的方法。许多教师尝试了这些策略，却没有得到他们想要的结果，就会沮丧地得出结论："这些东西没用。"

然而，特定的策略要取得成功的效果，往往受到很多因素的影响。你不能总是简单地复制别人的想法，却期望得到相同的结果。我的朋友、咨询师同事、常与我合作的安托瓦尼特·泰勒（Antoinette Taylor）经常用"需要成人组装①"这个短语来解释这个概念。我喜欢这个比喻，因为它暗示儿童的看法和我们对儿童的看法都尚未定型。我们与儿童的关系和支持他们的策略都是建构出来的。从生理学上讲，儿童本身具备建立牢固关系的所有必要条件。但是，就像你购买的家具套装一样，成人的组装与整合也是必需的。这正如芝加哥的道路建设，在这个过程中，你可能需要几天、几周、几个月甚至几年的时间来整合自己的想法，进而为儿童提供支持。这个过程进行得有多快，既取决于你把所有东西组合在一起的能力，也取决于有多少个需要你组装和理解的部分。后面的章节将讨论你如何在课堂上整合想法，将其与你的独特需求相匹配，并"解决②"它们。但在探索处理挑战性行为的新方法之前，我们需要审视一下许多人可能使用过的方法——以及为什么即使你尽了最大的努力，它们也不起作用。

**没有完美的解决方案——**
**只有你通过不断试错完善的解决方案。**

---

① 需要组装的实体产品通常会附有"警告"标识，为确保产品使用安全，常标明"需要成人组装，请在成人的监护下使用"。——译者注
② 英文为"werk"，系作者自造词。——译者注

## 幼儿教育中常用的管教方法及其弊端

在我作为一名教师的早期阶段,在开发"超越它"策略之前,我经常给那些我现在知道是正常的、属于幼儿学习和发展的组成部分的行为贴上"挑战性"的标签。由于这种心态,我通常并没有花很多时间针对特定的情况制定相应的对策,而是采取快速补救的措施,只是为了让行为停止。我过去的一些管教方法在教育工作中很常见。你能认出它们吗?

### 移除材料

想象一下你在我授课的时候坐在我的教室里。有孩子在探索区咬贝壳玩——简单!我拿走贝壳!两个孩子在争一个玩具——没事儿!这个玩具自动变成了安杰拉老师的玩具,和其他被没收的玩具一起藏在我的柜顶上,孩子们够不着。这些问题解决了。我教室的各个活动区里都有上锁式折叠储物柜!当一个活动区里的麻烦行为变多时,我就会迅速把储物柜的两侧往里推并将其叠放到一起,把里面的材料密封起来,"关闭"那个活动区。

作为一名教师,我经常使用这些策略。这些策略让我快速地制止了幼儿的挑战性行为。但我最终发现,即使我移除了所有导致问题的物品,"关闭"了曾经发生争吵的活动区,幼儿也很快开始为别的事情打架。此外,这种管教策略与我课程计划中的学习目标不匹配。现在回想起来,我不能确定,如果我不断地剥夺幼儿练习技能的机会,他们如何才能学会与他人互动、适当地玩玩具和材料、合作及分享材料。如果我总是将玩偶放在我的柜顶上,那么他们怎么能学会轮流玩玩偶呢?如果探索区不开放了,或者我总是把有趣的东西拿走,那么他们怎么能学会以恰当的方式在探索区玩耍呢?

## 把幼儿带离活动区

再次想象一下你在我的教室里。一个孩子拿起感官桌上的水杯,往他的同伴身上倒水。简单!我说:"看起来你不知道怎么玩感官桌。"然后我让他换个地方待着。一个孩子推倒了他朋友搭建的所有积木,我宣布,是时候让他离开建构区了。

当然,如果一个孩子在活动区调皮捣蛋,通常把他从活动区带走就会阻止这类行为的发生。但我发现,当我把这些孩子从某个活动区带离时,有些孩子会自愿离开,有些孩子则会抵抗。这种抵抗只会强化冲突。同样,就像拿走玩具或材料所产生的问题一样,把孩子带离他的"烂摊子"或从他的朋友身边带走,也剥夺了他学习如何清理"烂摊子"或与朋友恰当地玩耍的机会。这些才是我们真正想让他学会的,对吧?

## 将幼儿隔离在群体之外

再想象一下我教室里的情景——在集体活动时间,有个孩子在地毯上模仿电视上的摔跤动作。简单!我向我的助教"点头",示意她带孩子出去"散个步"——或者,如果这个孩子的行为真的越界了,就带他去校长办公室。毕竟,为了使集体活动时间成为有效的学习时间,我常常承受着很大压力,当挑战性行为扰乱了集体活动时,有效学习就很难实现。何必让这个孩子干扰大家的集体活动时间呢?

我认识的一名教师经常使用这种方法,以至于当我问她班上的一个孩子"如果你们班的某个孩子在集体活动时间不听话会发生什么?",那个孩子说"他会消失"。在咯咯笑了一阵后,我突然停住了。我不把所有孩子都纳入活动会不会破坏其他孩子的集体活动时间?当我们将一个孩子隔离在群体之外时,我们真正传达的是何种信息?如果一个孩子选择离开,这是一回事,但把一个孩子带走是另一回事,这会传递出这个孩子不属于这里的信息。它还剥夺了这个孩子学习如何与群体相处，以及其他成员学习如何与这个孩子互动的机会。更糟糕的是，这个孩子每次被赶出教室，都会破坏他与同伴和教师的关系。

## 剥夺一项权利

让我们重新回到我的教室。有个孩子在排队时推搡别人？那么这个孩子就没资格当领队了。有个孩子今天过得不顺，所以没听讲？简单！我让他在户外时间待在自己的座位上两分钟——如果他真的调皮捣蛋，我就完全取消他的休息时间，或者在午餐时给他安排一个远离朋友的座位。我想："这将使他三思而后行，以免再犯错误！"

然而，我发现当我使用这些管教技巧时，我实际上是在惩罚自己。失去权利后，孩子们的表现往往比以前更糟。随着我对儿童发展状况愈加了解，我开始明白剥夺权利并不能教会儿童控制自己的情绪或冲动。剥夺权利这种方法只有在孩子已经具备行为得当所必需的自我调节能力时才有效。儿童需要大量的机会来发展这些能力。因为孩子没有表现出他们尚未掌握的能力而惩罚他们，这真的公平吗？

事实上，对于一个还没有这些能力的孩子来说，剥夺权利会使两方面的情况变得更糟糕。一方面，这种惩罚可能会剥夺孩子释放冲动以改善行为的机会。我们应该认识到，课间休息不能算作一种可有可无的奖励，而是一天中必需的重要时间。另一方面，孩子可能会因失去权利而感到焦虑，并继续做出挑战性行为，因为他不知道能用哪种更恰当的方式来发泄自己的情绪。例如，如果马克斯打了一个孩子，那么他可能失去和朋友一起吃午饭的权利，然后他会继续生气、打人，继而失去明天和朋友坐在一起的机会。这种打人和独自坐着的循环会导致马克斯被同龄伙伴孤立。

## 将幼儿罚停①

让我们再一次回到我的教室。有孩子打他的朋友或推搡他的朋友,或不打扫卫生?简单!我会将他罚停,让他去思考椅上坐坐,思考一下他都做了什么,以及应该怎么做。

将幼儿罚停是一种历史悠久的管教策略。但教育工作者有时会忘记,幼儿的自我意识仍然在发展当中。因此,他们通常不具备反思自己行为的能力,这也就是为什么他们需要帮助才能理解自己的行为是如何影响他人的。因此,在罚停状态中独自坐着,不太可能教会孩子如何表现得更好。(对于那些准备为罚停辩护的人,我想对你们说,我完全赞成孩子自愿去一个冷静、安全、安静的空间。我不赞成的是成人把孩子强行拉进罚停状态中。)

将幼儿罚停也会造成其他困难。如果你曾经在教室里待过,你就会清楚一个不想被挪动的孩子的典型反应:像湿面条一样软,让自己无法被拽起来或移动。作为一名咨询师,我了解到,当孩子们还没有准备好而被迫移动时,他们经常会因此受伤。此外,一个不想被移动的孩子可能会通过升级挑战性行为来抵抗,这可能会导致其他孩子甚至教师受伤。

作为一名与所有年龄段的孩子打交道的专业人士,我发现有趣的是,我们期望青少年在遇到挑战时向成人求助,但我们教学龄前儿童在遇到挑战时远离成人。

---

① 英文为"time-out",是一种通过暂时让孩子冷静独处,来让孩子主动认识和发现自己的不良行为,从而建立规则意识的管教方法。——译者注

## 寄希望于幼儿长大后改掉这种行为

面对挑战性行为，特别是当解决问题的初步尝试不起作用时，一些成人就会放弃。当孩子因为挑战性行为而受到惩罚时，家长经常抗议道："真的吗？我的孩子才4岁！你知道，男孩就是这样。"他们也可能会坚称："他只是个孩子。他最终会长大的。"

事实上，年龄与挑战性行为密切相关。例如，卡罗琳·韦伯斯特-斯特拉顿（Carolyn Webster-Stratton）和玛丽·哈蒙德（Mary Hammond）通过观察"开端计划①"项目教室中的4岁孩子，发现三分之一的孩子表现出问题行为。由此可以推断，这项研究中的教师每6分钟就会面临一些具有挑战性的行为。此外，在《加拿大儿童在接近青春期时是否会变得更具攻击性？》（*Do Children in Canada Become More Aggressive as They Approach Adolescence?*）一书中，理查德·特伦布莱（Richard Tremblay）和他的同事指出，学前期是一个人发展过程中最具攻击性的时期。根据这项研究，攻击性行为（咬、打、往别人身上吐痰等）首先出现在婴儿末期，在学龄前期达到顶峰，然后随着儿童言语能力和情绪调节能力的不断提升而不断减少。在童年的整个早期阶段，孩子们以不同的发展速度和难度逐渐摆脱身体攻击的倾向。换句话说，学前时期是人类学习调节身体攻击性行为的时期。遗憾的是，他们掌握这些技能的唯一方法就是通过变得具有攻击性，促使他们周围的成人教他们其他的行为方式。

如果良好的社交和情感技能没有在学前阶段得到教导和发展，那么挑战性行为就不会随着时间的推移而凭空消失，反而会显现于其他方面。纪红（Ji Hong）和她同事的研究表明，那些频繁做出高强度挑战性行为的孩子在青春期

---

① 英文为"Head Start"，是1965年美国联邦政府开展的旨在追求教育公平、阻断代际贫困恶性循环的最大的早期儿童发展项目，主要由联邦政府及州政府投入资金，为贫困儿童提供免费的学前教育。——译者注

继续这些行为的可能性最大。苏珊·坎贝尔（Susan Campbell）和琳达·尤因（Linda Ewing）指出，难以管理的学龄前儿童在9岁时更有可能会出现年幼时出现过的挑战性行为。此外，肯尼思·道奇（Kenneth Dodge）指出，在孩子9岁以后，对挑战性行为进行干预的效果微乎其微。

这类情况可能会给儿童以后的生活带来可怕的后果。研究人员约翰·里德（John Reid）的一项研究表明，学龄前儿童的行为偏差可能会导致更严重的问题，如吸毒、加入帮派、采用暴力手段和成年后入狱等。研究人员托马斯·迪希恩（Thomas Dishion）、多兰·弗兰奇（Doran French）和杰拉尔德·帕特森（Gerald Patterson）指出，当儿童在很小的时候出现反社会行为，而没有机会学习新技能时，这些反社会行为不仅会随着他们年龄的增长而持续发生，还会不断升级。弗里克在一篇研究综述中指出，患有严重行为障碍的儿童日后可能会出现精神健康问题，这使他们面临拘捕、辍学甚至工作表现不佳的风险。坎迪斯·奥杰斯（Candice Odgers）和她同事的研究支持了上述结论。他们在一项研究中对新西兰儿童进行了从出生到成年的跟踪调查，发现有行为障碍的孩子更有可能抑郁、无家可归、焦虑、依赖酒精、尝试自杀，并在成年后因犯罪而受到刑事处罚等。上述研究只是冰山一角，说明频繁发生挑战性行为的孩子在日后的生活中往往会面临更严重的挑战。

## 为什么排斥不是答案？

你是否曾有那么一刻，看着一大堆要洗的衣服，想把它们全都扔掉，然后买新的？这就是我面对堆积如山的课堂问题时的感受。我现在依然记得，在那群小捣蛋鬼们都离开教室后，我那种如释重负的感觉！突然，我想知道，如果这些孩子不被允许回来，会发生什么？为什么不给他们一点时间呢？他们显然还没准备好上幼儿园。如果他们出现这样或那样的状况，很明显是因为他们可能存在一些有待解决的问题。一旦他们的问题得到妥善解决，他们就会被接纳、被邀请回归集体。然而，正如我后来了解到的那样，从长远来看，排斥对任何人都没有帮助。

## 定义排斥

当绞尽脑汁地穷尽了所有其他选择后，教师和管理人员可能会觉得他们别无选择，只能诉诸排斥措施（也称为排斥性管教或驱逐）。从基本内涵上讲，这些术语意味着将学生从教育环境中驱逐出去。根据离校时间长短和离校情况的不同，可以将排斥措施分为校内停课、校外停学或开除。在早期教育环境中，排斥可能包括我们在本章已经讨论过的诸多方法及其他方法：

- 移除材料；
- 将孩子从一个区域、小组或教室中带离；
- 改变或停止一项活动或常规；
- 要求孩子的家长将孩子从你的项目中带走，并以孩子和项目"不匹配"或孩子在进入学校之前"需要更多时间"为由来为这一行为辩护。

请注意，最后一种方法使用了听起来无害的论点，但它实际上暗示有些孩子无法接受常规教育。

注意，有社交或情感障碍的儿童可能需要特殊教育服务。然而，这并不是指孩子们必须去特殊教育机构，而是成人需要为困境中的孩子们提供一系列的资源，以确保为他们提供支持。

和许多教师一样，当我感到挫败或沮丧时，我就会采取这种排斥的惩罚方式。此外，作为教育工作者，我们经常认为自己在为处于困境中的孩子做对他而言最好的事情。我们以项目"不适合他"为由，"帮助"孩子的家长为孩子寻找新的学习场所。但正如我们所讨论的那样，排斥剥夺了这个孩子练习社交技能的机会，干扰了教育者真正想教给孩子的东西，并剥夺了班级里其他孩子强化社交技能的机会，而这只是问题的开始。

## 幼儿教育中排斥的范围

像"驱逐"这样的词经常让人联想到叛逆的高中生，但事实上，年龄较小的学生最有可能经历排斥性管教。在一项研究中，安·卡特勒（Ann Cutler）和琳达·吉尔克森（Linda Gilkerson）报告称，在被调查的儿童保育项目中，有超过40%的项目曾经因儿童的攻击性行为而要求他们离开。与之类似的是，萨拉·胡佛（Sarah Hoover）的一份报告和安·席姆克（Ann Schimke）所写的一篇文章表明，在科罗拉多州，一年之内，学龄前儿童被赶出教室的比率为千分之十，而K—12①儿童被这样惩戒的比率约为千分之三。耶鲁大学儿童研究中心（the Yale University Child Study Center）的沃尔特·吉列姆（Walter Gilliam），同时也是爱德华·齐格勒儿童发展与社会政策中心（the Edward Zigler Center in Child Development and Social Policy）的主任，发表了一项更具广泛性的研究《掉队的学龄前儿童》（Prekindergarteners Left Behind），其中包含了更令人担忧的信息：在美国，学龄前儿童的退学率是K—12儿童的三倍多。

是的，你没看错。学龄前儿童比高中生更容易被开除。

此外，正如美国进步中心（the Center for American Progress）的拉希德·马利克（Rasheed Malik）所报告的那样，一项针对全美范围的幼儿园的调查显示，大约有5万名幼儿至少经历过一次排斥性管教，每天约有250名幼儿被开除或停学。假设每天的上学时间是7小时，这意味着每小时大约有35名学生被驱逐！

---

① "K"代表Kindergarten（学前班），"12"代表12年级（相当于我国的高三）。"K—12"是指从学前班到12年级的教育，因此也被国际上用作对基础教育阶段的通称。——译者注

也许最令人担忧的是，经历排斥性管教的最年幼的群体并不是幼儿。研究人员玛莎·格迪斯（Marsha Gerdes）和纳塔莉·瑞纽（Natalie Renew）指出，即使是学步儿也会由于挑战性行为而被要求离开托儿所。

## 排斥并不能教会儿童做出你所期望的行为

如果我必须站在法庭上为排斥性管教辩护，我拿不出任何证据来证明排斥性管教会如何帮助孩子和教师发展能力。是的，排斥可能会让孩子们知道，打同学或骂教师等行为会带来一定的（通常是不愉快的）后果。但它并没有教他们应该做什么。孩子们（尤其是学龄前儿童）的年龄还很小，他们还在探索和了解这个世界，所以成人必须教他们如何表现得当。

## 排斥是不公平的

排斥性管教的另一个关键问题是，人们对某些类型的孩子使用这种方法的比例失当。特别是男孩、有色人种儿童、残疾儿童和贫困儿童经常受到这种惩罚。这些排斥孩子的结果令人不安。

### 有色人种儿童

在美国，人们经常用有色人种儿童这个短语来指代所有非白人儿童。尽管这一标签是笼统的，这些孩子的遭遇却是多种多样的。在管教上，一些有色人种儿童受排斥的比例令人震惊。例如，以美国教育部民权办公室（the US Department of Education Office for Civil Rights）发布的《2015—2016年民权数据集：学校氛围与安全》（*2015-16 Civil Rights Data Collection: School Climate and Safety*）报告中的统计数据做比较，我们发现（所有百分比均为四舍五入后的）：

- 白人男性占在校生人数的25%，在被开除学生中占27%；
- 亚裔男性占在校生人数的3%，在被开除学生中占1%；
- 作为一个综合性群体，美国印第安人或阿拉斯加原住民、夏威夷原住民或其他太平洋岛民，以及多族裔血统的男性占在校生人数的3%，在被开除学生中占 4%；
- 拉丁裔男性占在校生人数的 13%，在被开除学生中占 16%；
- 黑人男性占在校生人数的 8%，在被开除学生中占 23%。

为了避免你误以为只有有色人种的男性学生受到影响，报告还提供了关于女性学生的统计数据，如下：
- 白人女性占在校生人数的 24%，在被开除学生中占 10%；
- 亚裔女性占在校生人数的 2%，在被开除学生中占 0.3%；
- 作为一个综合性群体，美国印第安人或阿拉斯加原住民、夏威夷原住民或其他太平洋岛民，以及多族裔血统的女性占在校生人数的 3%，在被开除学生中占 2%；
- 拉丁裔女性占在校生人数的 13%，在被开除学生中占 6%；
- 黑人女性占在校生人数的 8%，在被开除学生中占 10%。

### 在一个虚构的学区中审视"开除"

为了使上述统计数据更加明了易懂，让我们把这些数据应用到一个假想中的有一万名学生的学区。使用报告中的（四舍五入后的）百分比，按照种族划分的学生总入学人数如下。
- 美国印第安人或阿拉斯加原住民：约 100 名男性和 100 名女性
- 西班牙裔或拉丁裔：约 1300 名男性和 1300 名女性
- 亚洲人：约 300 名男性和 200 名女性
- 黑人：约 800 名男性和 800 名女性
- 夏威夷原住民或其他太平洋岛民：约 20 名男性和 20 名女性
- 白人：约 2500 名男性和 2400 名女性

> - 多族裔血统者：约 200 名男性和 200 名女性
>
> 现在让我们想象一下，这个学区这一年的情况很糟，开除了 1000 名学生。使用报告中的（同样是四舍五入后的）百分比，按照种族划分的各个子集情况如下。
> - 美国印第安人或阿拉斯加原住民：约 10 名男性和 10 名女性
> - 西班牙裔或拉丁裔：约 160 名男性和 60 名女性
> - 亚洲人：约 10 名男性和 3 名女性
> - 黑人：约 230 名男性和 100 名女性
> - 夏威夷原住民或其他太平洋岛民：约 30 名男性和 1 名女性
> - 白人：约 270 名男性和 100 名女性
> - 多族裔血统者：约 30 名男性和 10 名女性
>
> 因此，尽管在这个例子中，我们虚构的学生群体中只有一小部分被开除，但在这一小部分当中，有色人种学生几乎是白人学生的两倍。

虽然这些统计数据具体呈现的是 K—12 学生的经历，但类似的数据统计模式也适用于幼儿群体。吉列姆的研究表明，黑人幼儿被开除的可能性是西班牙裔和白人幼儿的两倍。

综上所述，这些统计数据表明，目前在排斥性管教中存在着令人震惊的种族差异。特别是，黑人学生被排斥的比例比其他任何种族的学生都要高。简而言之，若要预测一个孩子可能会经历多少排斥性管教，种族可能是最大的影响因素——甚至比性别的影响还要大。

这样的统计数据可能会让你怀疑，不同种族的孩子的行为表现是否存在固有的差异。就算你不是种族主义者，也可能产生这样的想法。毕竟，美国国家贫困儿童中心（the National Center for Children in Poverty，NCCP）指出，与白人儿童相比，拉丁裔和黑人儿童更有可能生活在贫困之中。那么，难道根本问题在于贫困而不是种族吗？拉塞尔·斯凯巴（Russell Skiba）教授和娜塔莎·威廉姆斯（Natasha Williams）教授在《黑人孩子更坏吗？——有关种族行为差异的误区和事实》（*Are Black Kids Worse? Myths and Facts about Racial Differences in Behavior*）的研究综述中回答了这个问题。这份研究报告表明，仅靠贫困并不能解释对有色人种儿童比例失当的排斥性管教。在这项研究中，上层阶层的黑人学生经历排斥性管教的可能性仍然比上层阶层的白人学生高。此外，黑人、白人和拉丁裔儿童都以相似的比例做出类似的挑战性行为。对于同一种挑战性行为，斯凯巴和威廉姆斯发现的唯一区别是，黑人学生和拉丁裔学生面临的惩罚后果比白人学生更严重。

**男孩**

除了前面提到的令人不安的统计数据外，吉列姆的研究《掉队的学龄前儿童》表明，男孩被赶出幼儿园的比例是女孩的4.5倍。加拿大蒙特利尔大学儿科、精神病学和心理学教授，儿童社会适应不良研究小组的创始主任、研究员理查德·特伦布莱（Richard Tremblay）解释了这一情况发生的原因。他在《攻击性行为的早期社会化预防》（*Prevention of Injury by Early Socialization of Aggressive Behavior*）和《幼儿期到成年期的身体攻击性行为发展》（*Development of Physical Aggression from Early Childhood to Adulthood*）中指出，学龄前男孩的身体攻击性行为发生率略高于学龄前女孩，而女孩身体攻击性行为逐步减少往往比男孩发生得更早。没有那么多女孩会达到身体攻击性行为发生比例的最高点，女孩在更小的时候就开始进入言语攻击阶段，比如她们会说"你不是我的朋友"。

这些资料让我开始思考自己在这种情况下究竟应扮演何种角色。作为一名教师，我是否在处理课堂上的言语攻击时比处理身体攻击时更游刃有余？我是否认为言语攻击没有身体攻击那么危险（因此更不值得被排斥）？如果是这样，我可能会在自己无察觉的情况下更多地排斥男孩。

**有特殊需要的儿童**

你可能会惊讶地发现，排斥性管教对有特殊需要的孩子有更多的影响，而且往往会带来严重的后果。根据美国教育部民权办公室发布的《2015—2016年民权数据集：学校氛围与安全》报告，残疾儿童受到管教的比例高于非残疾儿童。具体来说，美国进步中心的拉希德·马利克指出，一项关于儿童健康的调查发现，在被排斥于幼儿园之外的儿童中残疾儿童占75%。

如果你现在没精打采地坐在椅子上，摇着头，想知道幼儿园里到底发生了什么，那么请记住，幼儿园的排斥性管教通常与小学、初中或高中的排斥性管教有着不同的标签。教育工作者经常把这些有特殊需要的学龄前儿童送到园长办公室，或者打电话给他们的家长，让他们早点来接孩子，这并不是由于挑战性行为而要开除他们或让他们停学。在我担任心理健康顾问时，我认识了一位母亲，她的孩子是特殊儿童，她由于频繁地接到学校打来的电话而丢掉了工作。正如她的经历所表明的，排斥性管教不仅对有特殊需要的孩子造成了麻烦，也对他们的家庭成员造成了困扰。

**贫困儿童**

一系列研究发现，低收入家庭的学生在持续经历着排斥性管教。然而，排斥性管教使用的具体次数往往与其他因素相关。例如，阿米蒂·诺特迈耶（Amity Noltemeyer）和卡文·麦克洛克林（Caven Mcloughlin）研究了300多个学区的排斥性管教模式，发现贫困地区的学校比富裕地区的学校更经常地采用排斥的做法。上述研究还表明，与生源较少的农村贫困地区相比，排斥性管教的使用率在城市地区的贫困学校中更高。乔·尼古拉斯（Joe Nicholas）及其同事的另一项研究表明，贫困并不一定会增加非少数族裔学生被排斥的风险。

尽管贫困儿童总体上可能比非贫困儿童经历更多的逆境（如社区暴力），但丽贝卡·科利（Rebekah Coley）和她的同事们在研究家庭收入对儿童行为的影响时指出，在经济图谱的两端都存在挑战性行为。在另一项研究中，埃伦·布兰特林格（Ellen Brantlinger）探讨了家庭收入是如何影响学校惩罚的，并发现来自低收入家庭和高收入家庭的学生都认为来自低收入家庭的学生是不公平事件的对象。此外，低收入家庭的学生比高收入家庭的学生受到的惩罚更多。同样，研究人员吴诗畅（Shi-Chang Wu）和她的同事们证实，来自贫困家庭或父亲没有全职工作的学生比他们的同学更有可能遭受排斥性管教。戴维·雷米（David Ramey）的研究进一步证实了这些结论。在对6万所学校展开的调查中，他发现，贫困儿童人数较多的学校不太可能使用像行为规划或心理咨询这样的服务来应对儿童的挑战性行为，而更有可能使用停学、开除、移交警方和逮捕等手段。

**有多重风险因素的儿童**

让我们把上述资料整合起来。想象一下，一个孩子可能涉及本章讨论的每一个风险因素，如一个有特殊需要的贫困黑人男孩，你觉得这个孩子在学校里会受到多少排斥性管教？他以后的人生会走向何处？

你可能会为这个孩子感到担心。同时，你可能会感到困惑。早期学习经历难道不会给有色人种儿童、贫困儿童和有特殊需要的儿童带来较多的好处吗？我们在本章所了解到的内容描绘了关于这个孩子未来的令人不安的画面。

相反，你可能会这样说：

- "这项研究是在哪里进行的？"
- "这不是我的经历。"
- "我认识某人，他有上述几个风险因素，但他没有经历这些困境。"
- "这不是我们项目中孩子们的经历。"
- "嘿，我是你所描述的某些管教的产物，我后来变得很好！"

对于这些说法，我想说："我希望更多的孩子能有你描述的经历。我很感激你在你的项目中做得很出色，我很高兴你表现得很好！"但来自全球的数据显示，并非所有人的结果都是积极的。

我明白——这些令人震惊的统计数据可能会证实你长期以来的一些假设，并粉碎其他假设。现在，你可能会笃定自己以前的想法并有兴趣进一步读下去，或者你可能会感到不安并持怀疑态度。如果你属于后一种情况，请考虑如下问题。

- 虽然你和你认识的每个人都过得很好，但这意味着我们无须担心那些挣扎中的孩子吗？
- 你能考虑自己经验之外的想法吗？
- 虽然事情进展顺利，但这意味着我们不需要继续改善吗？

我尊重每位读者的观点，而且我意识到你们需要一些时间来消化本书中的观点。我只希望你们能够做自己要求学生每天做的事情——倾听和学习新的东西。

## 排斥可能是教师感到吃力的信号

如果一名教师迅速地把捣乱的学生赶出教室，那么很多人会认为他是一名好教师，因为他不允许挑战性行为干扰学习。然而，排斥实际上可能是教学质量较差的信号。玛丽·米切尔（Mary Mitchell）和凯瑟琳·布拉德肖（Catherine Bradshaw）在一项针对美国东部37所公立学校的不同纪律管理方法的研究中探讨了这一观点。令人惊讶的是，米切尔和布拉德肖得出结论，经常依赖排斥性管教的教师的课堂秩序较差。换句话说，高排斥率可能表明需要支持的是教师，而不是学生。

有研究还揭示了当教师在课堂上运用最佳实践时，学生的行为会发生什么样的变化。格伦·邓拉普（Glen Dunlap）和他的同事阐述了为什么那些在高质量的教室里学习、与教师进行高质量互动的孩子能够更少出现挑战性行为。在一项研究综述中，邓拉普和李·克恩（Lee Kern）得出结论，在学习活动中教师行为的调整会相应地引发儿童行为的调整。

邓拉普和克恩列出了一项又一项的研究，来说明当教育工作者调整课堂活动以符合学生的兴趣，并提供选择，从而让学生对自己的学习方式有一定的控制权时，学生的行为是如何改善的。有趣的是，这些结果不仅仅适用于正式的教育项目。研究人员艾莉森·福里格尼（Allison Fuligni）和她的同事们注意到，无论学龄前儿童是在传统学校还是家庭式教育中心，如果教师在课堂上主要开展由儿童主导、允许其自由选择的活动和教师指导性较少的活动，那么幼儿往往会表现出积极的行为。简·巴克（Jane Barker）和她的同事补充道，高结构化的活动会导致孩子的自主性下降，其计划、决策和实现目标等能力的发展也会变慢。总之，这些研究对教师主导、过度结构化的学习及其对行为的影响提出了质疑。

细想的话，这些模式你可能之前都见过。有些孩子在自由玩耍时表现得很好，但在群体活动时就会表现得很吃力。当你对他们提出要求时，他们会闹情绪，但当他们做自己想做的事时，他们就是可爱的小天使。

研究人员朱迪思·卡尔塔（Judith Carta）和她的同事强调了这一观念如何适用于有特殊需要的儿童。研究人员在幼儿园一日生活中追踪了每个孩子的所有活动，发现挑战性行为发生的概率取决于活动的组织情况。更具体地说，当儿童积极参与时，他们的行为就会发生变化。该研究表明，教育工作者应该先尝试重构活动以求转变，使孩子们变得积极主动，而不是立即把有挑战性行为的孩子带走。简而言之，当我们重构活动以使其具有吸引力时，我们就可以改变孩子的行为。

当然，大多数教育工作者并不是故意采用不太理想的做法。就我而言，我认为我所承受的压力是造成问题的原因，压力影响着我作为一名教师的行为。我需要努力完成教案、确保所有班级的师生比例合适、给家长打电话、调解一大群孩子无休止的争吵，以及在漫长的一天里憋着尿。事实证明，我承受压力的经历并不是独一无二的。吉列姆在《实施政策以减少学前儿童被开除的可能性》（*Implementing Policies to Reduce the Likelihood of Preschool Expulsion*）的报告中指出，班级规模大、师生比低、在校时间长等结构性因素都与排斥性管教的高发生率有关。该报告还显示，当教师感到压力大且无法获得心理健康支持者的帮助时，他们往往会采用更严格的排斥性管教。

综上所述，把孩子带走并不能从根本上改善可能导致挑战性行为的课堂。所有这些研究都表明，为了更好地对学生行为进行有意义的理解，我们需要对成人行为和学生行为发生的背景进行有意义的理解。就像骑双人自行车一样，你不可能在不影响其他部件的情况下操纵一个部件。就我而言，我在教室里待了这么多年，现在，挑战性行为成为我促使自己和团队反思教育实践、结构性因素和空间安排的信号，而不是把孩子拽出教室的信号。

**排斥性管教的结果**

到目前为止，在本章中，我已经提及了一些排斥性管教的负面结果——特别是受到排挤和失去学习机会等。对于被排斥的孩子，以及他们的同学和照护者来说，这只是一系列令人担忧的后果的开始。儿童委员会（the Committee for Children）致力于为全球学生社会情感的健康发展提供支持。该委员会的一份报告指出，让孩子离开、取消活动或移除材料会导致孩子学业落后，这反过来又会进一步增加孩子脱离学校活动及错过学业学习的风险。这种做法甚至会导致孩子彻底辍学，并在后续的工作中经历失败。美国卫生与公众服务部（the US Department of Health and Human Services，HHS）和教育部颁布的《关于学前教育机构开除和停学的政策声明》(*Policy Statement on Expulsion and Suspension Policies in Early Childhood Settings*)中指出，被开除或停学的学生中对学校持有负面看法、留级、学业成绩差、在高中辍学和违法犯罪的人的比例是同龄人的 10 倍。

最后一项研究呈现的结果或许最能引起我们的恐慌。一份由金伯利·克伦肖（Kimberlé Crenshaw）、普丽西拉·奥森（Priscilla Ocen）和乔迪·南达（Jyoti Nanda）撰写的报告描述了孩子们因为乱丢蛋糕、乱发脾气等行为而被拘留。当这些正常的行为受到严厉的惩罚时，孩子们可能需要接受不必要的医疗服务和心理干预，这实际上会引发以前不存在的问题。在幼儿时期就将儿童

"定罪"的现象被戏称为"开辟从幼儿园到监狱的通道",因为这些做法增加了儿童未来犯罪的可能性,并为他们开辟了一条被送进司法系统的通道。或许远不止如此,这种循环还扭曲了所有学生的现实情况,甚至为那些没有被排斥的学生带来了一种消极的学校氛围。

如果你在 1999 年问我,我是否在使用排斥性管教,那么我会抓着自己胸前假装存在的珍珠项链,喘着气,激动地喊道:"我的天哪,没有!"但现在我明白了在学前教育机构中排斥性管教是什么样子,我意识到关闭学习区、没收玩具、帮家长给孩子"找到合适的去处"都是排斥性管教的表现。当我在课堂上寻找如何应对挑战性行为的答案时,我的行动和本章中的统计数据开始让我感到沉重。当我试图摆脱那些小的麻烦制造者时,我是否正在使儿童通往监狱的通道更加顺畅?啊!

## 但是那些"好孩子"呢?

如果你和我一样,那么你现在可能会想:"好吧,我明白为什么排斥是不好的,但是那些遵守规则的孩子呢?如果我不把捣乱的人赶走,那么他们怎么能继续专注地学习呢?"我理解你的出发点。作为一名教师,我实施排斥性管教是为了支持"好孩子"——那些想要学习而不受做出挑战性行为的儿童干扰的孩子。我想帮助所有孩子,但总是担心那些做出挑战性行为的儿童会影响我课堂上表现良好的学生。

有趣的是,驱逐的做法会对所有孩子(包括那些没有被驱逐出去的孩子)产生负面影响。布雷亚·佩里(Brea Perry)和爱德华·莫里斯(Edward Morris)对一所城市公立学校中的数千名学生进行了为期三年的观察,研究了这个问题。他们发现,即使有些学生从未被排斥,高水平的排斥性管教也会对他们的学业成绩产生负面影响。从孩子的角度来看,这是有道理的——如果你的朋友"消失"了(因为他被带走了),你在学校里还能在多大程度上集中注意力呢?你总是想知道:他去了哪里,他发生了什么,这是否也会发生在你身上?

佩里和莫里斯得出的结论是，排斥会造成一种敌对的环境，导致所有儿童甚至未被排斥的儿童感到焦虑，并影响所有儿童的数学和语文学习。

### 练习：你最常用的五种管教方法

1. 在一张纸上，列出你最常用的五种管教方法——当你面对挑战性行为时，你最常用的五种策略。

2. 在这张纸的背面，回答以下问题：

- 你列出的五种管教方法是否与你教学团队的其他成员列出的五种管教方法有所不同？
- 你列出的五种管教方法是否适用于你的课程或教师评估？
- 如果你是一名资深的教师，那么你最常用的五种管教方法在这些年里是如何发展变化的？
- 这五种管教方法是否带来了你想要的结果？

## 小 结

现在，你可能会说："真的吗，安杰拉？到目前为止，你告诉我，我不能将孩子们罚停，不能安排他们午餐时坐在哪里，不能把他们送去园长办公室，不能没收玩具，也不能指望他们长大后改掉这些行为。现在你告诉我，我的技能可能有缺陷，把这些孩子带离我的教室只会让事情变得更糟。那么，你究竟要我拿他们怎么办呢？"

我很高兴你这样问了！在这本书中，我将向你介绍我处理挑战性行为的"超越它"策略。这种策略将帮助你处理自己的情绪，发现孩子行为背后的含义，寻找支持，并在帮助孩子改善行为的过程中创造性地解决问题。然而，为了给这一策略奠定基础，我们必须从一个你可能意想不到的点开始：你自己。

# 第二章 从你的自律开始

这是我5岁时的照片。为什么要用一张我穿着蝴蝶领休闲衫的照片开始关于儿童发展的讨论呢？因为在与自己的童年没有有意义联系的情况下谈论儿童发展，就像星期二没有玉米饼①，钓鱼没有诱饵一样。这样你就明白了。如果没有另一个，其中一个就无法工作（至少不能很好地工作）。

## 你过去的经历会影响你现在的反应

也许你会疑惑："为什么要谈论我？有问题的人又不是我！"之所以从"我"开始，有三个原因：第一，教育工作者在了解儿童的社会情感发展时，如果对一些背景因素缺乏了解，那么仅凭获得的一些孤立的信息，可能很难以一种有意义的方式改善儿童的现状；第二，与某个话题的联系会增加你参与其中的动力；第三，教师如果没有完全处理好自己的社会情感发展，那么往往也难以理解儿童的社会情感发展。

那么我们从哪里开始呢？加里·霍华德（Gary Howard）在他的著作《我们不能教自己不知道的东西》（*We Can't Teach What We Don't Know*）中谈到，了解你的学生需要从了解你自己开始。与其看一长串孤立的信息，不如从你的童

---

① 美国很早就存在美食促销活动，餐馆会在周二针对玉米饼等墨西哥食品进行优惠促销。后来成为湖人队球星詹姆斯的口头禅，在网上引起了一波关于玉米饼的热潮。——译者注

年开始。为了理解和分析发展适宜性行为，你需要理解和分析你小时候的自我形象。

在另一本我很喜欢的书——《教学勇气：漫步教师心灵》①（*The Courage to Teach: Exploring the Inner Landscape of a Teacher's Life*）中，帕克·帕尔默（Parker Palmer）在导言中写道：

教学是心灵的一面镜子。如果我愿意照镜子，而不是逃避我所看到的，我就有机会获得自我认识——从好的教学的角度来说，了解自己和了解学生、学科同样重要。

事实上，了解我的学生和我所教的学科在很大程度上依赖自我认识。当我不了解自己时，我就不可能了解自己的学生是谁。如果我未曾审视过自己，那么我就会在观察儿童时犹如雾里看花——我看不清他们，就不能很好地教育他们。

你对孩子行为的反应会受到你的背景（你的经历、你的气质和你的文化）的影响。重要的是，你要意识到：你的过去如何不断地渗透于你的现在。你如何回应孩子的情绪在很大程度上取决于你如何处理自己的情绪。因此，在本章中，我将与你分享自己的故事——不是因为我以自己为中心（好吧，我承认这是部分原因），而是提供一个自我反思的示例，期望能为你处理好自己的经历提供启示。

在完成每个练习后，阅读它后面的案例分析。这些案例用我自己的经历来说明个人经历如何影响个体对孩子的挑战性行为的反应。（我将在第三章讨论个人经历如何影响我们的专业反应。）

---

① 该书已由华东师范大学出版社于 2020 年 1 月出版。——译者注

## 回顾自己的经历

有时候,你需要回顾过去,才能预判未来的发展。让我们从回顾你的经历开始我们的旅程,看看这些经历如何影响你现在的观点和对学龄前儿童常见的挑战性行为的反应。通过一些简短的练习,我们来看看你之前的表现是否和我母亲喜欢说的"嬉皮笑脸""装疯卖傻"以及"受欢迎的小丑"类似。

### 练习1:你哭闹和发脾气的经历

1. 想想你小时候哭闹的时候。你对那些时候的自己有什么样的印象?
2. 在一张纸上,用文字和图片创作一幅拼贴画来代表那个形象。
3. 在纸张的背面,请回答以下问题。

- 当你还是个婴儿时,你的父母或照护者会怎么形容你?你是爱笑还是爱哭的?容易被安抚还是难以安抚,抑或介于两者之间?
- 你的家人对哭闹或发脾气有什么看法?
- 你还记得小时候,当你哭闹或发脾气时,你的父母或照护者如何反应吗?当时发生了什么?
- 当你还是个孩子时,你希望别人如何回应你的哭闹行为?
- 就你个人而言,你会如何应对孩子的哭闹?
- 从专业角度出发,你会如何应对孩子的哭闹?
- 从个人角度到专业角度,你的反应会有什么变化?为什么?
- 孩子的哭闹让你感觉如何?你是如何处理这些情绪的?

### 案例分析1:我哭闹和发脾气的经历

当我还是个孩子的时候,我就从我的家人那里获得了关于哭闹的不同反馈。

有时候，我的父母就让我哭。我还清楚地记得，大约9岁的时候，父亲和我一起做数学作业，我当时恼羞成怒。我听不懂他的讲解，就使劲跺脚、在地上打滚、大发脾气。父亲只是面无表情地看着我，什么也没说，等着我哭闹完。然后我从地板上站起来，松了一口气，因为我把那些感觉发泄出来了（他什么也没说，也没扇我一巴掌），然后更专注地回到我的作业上。但是我也记得好几次我哭了，收到的却是典型的父母式威胁，例如"把眼泪憋回去"或"我会让你哭个够"。在这些事件中，我希望我的父母能意识到，他们越让我不要哭，我就哭得越厉害。

这种对哭闹的抑制也有其他来源。6岁的时候，我已经被灌输了小学生社会行为的不成文规定：不准吮吸拇指，不准打"小报告"，当然还有绝对不能哭。我很早就学会了忍耐，不管在操场上发生了什么都不能哭，否则就会被贴上"好哭佬"的标签。当时大多数操场上的设施设备都是金属材质的，在闷热的午后阳光的照射下，这些设施设备极有可能会烫伤学生的皮肤。我童年的操场甚至没有那么豪华。操场上没有游乐设备，只有一块坚硬的柏油路，很容易摔伤。我清楚地记得我的同学在那里受伤后，就被担架抬走了。

我还清楚地记得一次不寻常的哭泣经历。我永远不会忘记，我们五年级的音乐老师亨德森夫人，因为我们在她演唱《致爱丽丝》（*Für Elise*）时不停地说话而哭了起来。在那一时刻，我才发现我们的力量——居然对成人有这么大的影响。（多年后，当我的九年级学生把我弄哭时，我才发现真是"因果报应"。）

## 我的哭闹经历如何影响我与孩子的关系？

从那节音乐课快进到15年后的今天，我已经是一个年轻的母亲了。我和丈夫雷金纳德有一个女儿，两年来她经常哭。我没有说谎。因为她不是我们的第一个孩子，所以我们总觉得有些不对劲，但没有人把这当回事。我们的女儿在五分钟的医生检查期间或长达1小时的儿童派对上看起来健康快乐，但这并不意味着一切都好。有时"盐"第一眼看上去，也很像"糖"。在经历了多年的抱怨、检查和向专家咨询后,我们终于知道我们的女儿有斜颈(一种颈部疼痛问题)[1]和反流[2]问题。一直以来,她都在用她唯一知道的方式——哭泣,向我们传达着信息。经此以后,我就一直非常认真地对待婴儿持续或长时间的哭闹。

在我的孩子从婴儿到学龄前儿童的成长过程中,在与他们交谈的过程中,我的内心往往摇摆不定,好像有时我能听到他们内心的声音,又好像有时我已经受够了。是的,我对哭泣的同情是有期限的。当我的孩子们上幼儿园的时候,我觉得他们该长大了。所以,当孩子们哭闹或发脾气时,我往往会先给予他们安慰,对他们说"我看到你现在很难过""哭出来就好了""没事的,亲爱的"。如果孩子们依然哭个不停,我就会逐渐改变态度,说"够了""你没有任何问题""应该哭的人是我"。如果哭闹继续,那么我最后会要求"你最好闭嘴"。

事实上,作为一名家长,我一直在努力(现在仍然在努力)运用关于安慰孩子的知识。我接受的所有培训和教育都告诉我,当孩子心烦意乱时,我应该描述并确认他的感受,同时鼓励他表达自己的感受。我常常自豪地说,我坚持这些原则。难的是如何持续执行,无论是过去还是现在,它都是最难的部分。

### 练习 2:你关于攻击性行为的经历

1. 想想你小时候生气或沮丧的时候。你对那些时候的自己有什么样的印象?
2. 把那个形象画在纸上。
3. 在纸张的背面,请回答以下问题。

- 你的家人对攻击性行为(打人、咬人、吐痰、扔东西等)有什么看法?
- 你的家人对言语攻击(咒骂、侮辱、辱骂、贬低和顶嘴等)有什么看法?

---

[1] 斜颈是由于一侧颈部肌肉发生挛缩或颈椎发育畸形导致患者的头部向一侧歪斜引起的疾病,常伴有不同程度的颈部活动受限。——译者注
[2] 反流通常是指胃酸反流,可能跟饮食不当有关,也有可能是慢性胃炎、胃溃疡等原因引起的。——译者注

- 你是否记得当你小时候表现出身体或言语攻击性行为（PVA[①]）时，你的父母或照护者是如何反应的？当时发生了什么？
- 你希望别人对你小时候表现出的身体或言语攻击性行为有什么反应？
- 就你个人而言，你会如何应对孩子的身体或言语攻击性行为？
- 从专业角度出发，你会如何应对孩子的身体或言语攻击性行为？
- 从个人角度到专业角度，你的反应会有什么变化？为什么？
- 孩子的身体或言语攻击性行为让你感觉如何？你是如何处理这些情绪的？

### 案例分析2：我关于攻击性行为的经历

我主要在郊区的小镇长大，在我的社区里没有太多的攻击性行为。我们家在我4岁的时候从美国的芝加哥市搬到了伊利诺伊州黑兹尔克雷斯特的郊区，后来又在我8岁的时候搬到了伊利诺伊州一个更小的叫弗洛斯莫尔的小镇。我从一年级到九年级都是在教会学校上学，我认识的家长中没有一个家长会花那么多钱让孩子上学打架。

像许多孩子一样，我最早的关于攻击性行为的经历来自我的父母。我非常害怕被打屁股，但我对打屁股唯一清晰的记忆是在八九岁的时候。我实在记不起那时我究竟做过什么。但当我父亲打我的时候，我很快就意识到，我叫得越厉害，父亲打得就越轻，因此我"尽力表现"。打了三四下之后，父亲突然停了下来。我抬头一看，所有的沾沾自喜都消失了。他脸上的表情看起来令人担忧，我意识到我再也不想给一个爱我的人带来这么大的痛苦了。接下来，他就说他对我很失望，我也承诺会改正错误。

在言语攻击上，家里从来没有人对我和妹妹说过脏话。我母亲是南方人，她不高兴的时候，说过的最糟糕的话就是"该死"。父亲生气时，偶尔会爆粗

---

① 英文全称为"physical or verbal aggression"，意指身体或言语攻击性行为。——译者注

口，虽然有些话语让我们印象深刻，但父亲很少会用，我知道自己永远也不会用它们。我的父母确实给我们的邻居起过有趣的绰号，但我从不欺凌或辱骂他人。当我的朋友艾梅欺负他人时，我偶尔也会怂恿她骂人。我暗自羡慕艾梅欺负人的天赋，可以说令我印象最深的霸凌经历就来自她。

玩具也影响了我对攻击性行为的看法。我的父母非常清楚我可以参与的游戏类型，除非在广告中特别说明某款玩具对女孩和男孩都适用（例如彩虹圈<sup>①</sup>广告就是一个很好的广告），否则我将只被允许玩洋娃娃。我甚至无法想象，如果我参与任何粗暴或危险的游戏，我的父母会有什么反应。我母亲认为，在她用吸尘器把客厅的地毯打扫干净后，我们还在地毯上行走并留下清晰的脚印，不但具有侵略性和破坏性，而且可以说是一种近乎越轨的行为。我确实有一次想要星球大战的人偶，但当我母亲说她在芭比娃娃的货架上没看到任何产品像我描述的那样东西时，我就放弃了。由此，我逐渐内化了一条潜规则，即我永远都不会参与任何战斗类或武器类的游戏。

**我关于攻击性行为的经历如何影响我与孩子的关系？**

有趣的是，我们的第一个孩子丹尼尔来到这个世界上就喜欢战斗和武器。我永远不会忘记我第一次送他洋娃娃的经历。当时他还只是个蹒跚学步的孩子，雷金纳德和我试图向丹尼尔解释他即将有一个小妹妹。雷金纳德对我送孩子洋娃娃的做法表示怀疑，但我解释说，幼儿园老师会给幼儿提供各种各样的玩具，这样幼儿可以成为懂得关心、养育下一代的成人，而不受偏见或刻板印象的影响。我那天真无邪的小男孩看着洋娃娃，好奇地抱了抱它，然后就在它脸上砸了一拳。雷金纳德骄傲地看着我，我震惊了——我的子宫竟然孕育出了如此有攻击性的孩子。

我眼中的棍子，在我儿子眼中就是一把剑。丹尼尔虽然没有模仿巴尼和富

---

① 英文为"Slinky"，在我国台湾地区被称为妙妙圈，是一种螺旋弹簧玩具。——译者注

兰克林，但是模仿了他从幼儿园的其他孩子那里听到的酷炫的"超级战队"。雷金纳德和我给丹尼尔提供了各种各样的玩具，但当我拒绝给丹尼尔买玩具枪时，丹尼尔就会把他周围的一切都假装成枪，包括把三明治吃成枪的形状，在咬的间隙发出"嘭嘭"的声音。

一开始，看到我可爱的小天使参与攻击性游戏，我会感到非常不安。根据我在儿童发展书籍中所读到的内容，雷金纳德和我所做的一切都是正确的。现在怎么办呢？我们应该严厉地教训2岁的孩子，让他认识到生命的神圣吗？

更糟糕的是，在妹妹出生后，丹尼尔开始咬其他孩子。他怎么会在2岁的时候被学校开除呢？（其实，学校没有把他赶出去，只是强烈建议我们不要把他送到学校。）幸运的是，丹尼尔的咬人行为只持续了几个月。提醒他深呼吸而不是咬人等策略需要一定的时间才能有效果。

由此看来，纠正攻击性行为的策略需要时间来慢慢发挥作用，我们需要有耐力，这就像跑马拉松一样。在接下来的三年里，丹尼尔的语言能力提高了，他可以谈论自己的感受，而不是咬人，而且他从来没有攻击过他的妹妹（他现在有两个妹妹）。但他对攻击性游戏的热爱越来越强烈，"射击"仍在继续。

具有讽刺意味的是，随着丹尼尔对打闹游戏越来越着迷，我的担忧反而开始减少了。在他上幼儿园和小学的时候，我发现大多数男孩都喜欢这种类型的游戏，而且他们似乎都适应得很好。此外，在短暂的咬人阶段之后，丹尼尔再也没有在想象游戏之外表现出任何真正的攻击性。是的，当他假装采用暴力并发出"嘭嘭"的声音时，我有时还是会担忧，但我应该为此而惩罚他吗？

丹尼尔上幼儿园的时候，他的老师有次激怒了我。在家长会上，她告诉雷金纳德和我要限制丹尼尔在家里看暴力电视节目的次数——事实上，丹尼尔从来不看。她对我们家和我的儿子有偏见！值得庆幸的是，教师后来了解了我们，丹尼尔也在幼儿园度过了美好的时光。不幸的是，这个充满评判的会议是我们在教室里的小椅子上忍受的多次会议之一。作为一名教师，我习惯于评判父母，这次我只能说："不错，这是我的因果报应，很好。"

## 审视你的气质

美国内布拉斯加州大学林肯分校的早期发展和学习实验室的研究人员认为，气质是"个体在环境中的思维、感觉和行为方面的生物学差异"。它由多个特征构成，我们将在下个练习中了解相关内容。就其本身而言，气质没有好坏之分——它只有与特定环境是否匹配的差别。气质影响个人的终生行为。

### 练习 3：你的气质

1. 请将下列气质特征[①]写在一张纸上。
- 活动水平
- 注意力分散状况
- 规律性 / 可预测性
- 持久性
- 情绪
- 适应性
- 感觉阈限（视觉、听觉、触觉或对纹理、气味、味道等的敏感程度）
- 面对新情况 / 陌生人，倾向于退缩还是接近
- 情绪强度

2. 对照每一个特征，从 1（最低）到 10（最高）给自己打分。根据你在工作中的气质给出自己的答案，你也可以为你在工作之外的气质创建第二套评分系统。这些结果构成了你的气质量表。

---

① 源自美国心理学家 A. 托马斯（A. Thomas）提出的气质（temperament）的九个维度。——译者注

3. 在纸张的背面，请回答以下问题。
- 你在工作中的气质和在个人生活中的气质存在差异吗？
- 当有人气质与你相似时，你会有什么感觉？
- 当有人气质与你截然不同时，你会有什么感觉？
- 你是否记得，当你小时候表现出某种气质时，你的父母或照护者如何反应？当时发生了什么？
- 与教学团队中的其他成员相比，你的评分和整体气质如何？你们能互补吗？
- 是否因为你的气质，你比别人更能容忍某些行为？
- 是否因为你的气质，有些行为是你无法容忍的？

### 案例分析 3：我的气质

我在这些气质因素的量表上处于什么位置？你可能已经猜到了，我在活动水平上的得分很高——是 10 分！我很容易分心，很执着，行为很有规律，情绪非常积极。我很容易适应新事物（但只在工作中），并且有强烈的情绪。在感觉阈限方面，我的得分处于中间水平：我可以忍受大多数声音、味道、触碰和温度变化，但我确实弱视，受不了视觉刺激。在面对新环境或新朋友时，我有中等的退缩倾向，你可能会惊讶地发现，我在陌生人面前很害羞，但有时会对新环境产生兴趣。我的气质因许多因素而异。我是"亮眼的榜样"还是"前车之鉴"，在很大程度上取决于你在一周中的哪一天哪一时段看到我。我怀着不错的心情和美好的愿望开始新的一周，但有时到了周二我就筋疲力尽了。我天生是一个早起的人，因此在大多数日子里，我往往一开始是乐观积极的，然后随着时间的推移而逐渐变得消极和混乱。

有趣的是，我作为一名教育工作者的气质与我个人生活中的气质非常不同。在工作上，我对别人家孩子的恶作剧有很高的容忍度，不过我的反应也取决于孩子表现出的行为类型，例如我对随地吐痰和咬人的容忍度很低。有时，学生们会从我的气质特征中捕捉到一些东西，因此，在课堂上，我并不总是那么活泼和情感充沛。例如，有一天，我无意中听到一些九年级学生在谈论我："是啊！当她的眼睛瞪得大大的时候，你就知道你为难她了。太搞笑了！"

在我后来的职业生涯中，我记得我和同事们按照气质类型被分到了不同的工作小组。太可怕了！我的小组里的成员都很活跃，精力充沛，不停地说话，尤其是在讲冗长的故事的时候。从本质上讲，这些人和我太像了，我因为不平衡而感到沮丧。这段经历说明，即使是气质相似的人，有时也会发生冲突。

**我的气质如何影响我与孩子的关系？**

在大多数时候，我们不是和那些与我们相似的人发生冲突，而是和那些与我们不同的人发生冲突。这里有一个恰当的例子：当我的孩子到了上学的年龄时，雷金纳德和我会让他们在早上上学前做一些杂事，比如清理房间、练习弹钢琴、整理床铺。我们的两个大孩子做得不错，但第三个孩子则不然。即使她有足够的睡眠，她早上只做 1% 的家务，剩下的 99% 都是懒散。当然，这导致我们每天早上都发生冲突。

直到雷金纳德把我拉到一边，我才意识到，我们每天的冲突并不是 6 岁的女儿为了击垮我的精神而制订的某个总计划的一部分。相反，雷金纳德告诉我，它们是我女儿慢热气质的产物。他提醒我，她需要更多的时间来适应各种情况，他建议，与其让她适应我的气质，不如让我适应她的气质。我们的讨论让我不再把女儿的行为视为一种挑战。因此，我接受了她的本性，让她在放学后而不是上学前完成这些事务。这种情况很好地提醒我们，当成人的气质与孩子的气质不匹配时，有能力改变和适应的是成人，而不是孩子。

## 审视你的文化视角

人类学家和研究者爱德华·霍尔（Edward Hall）提出了冰山的比喻来解释

文化的复杂性。"冰山一角"是我们很容易看到的行为，但冰山的90%隐藏在海平面之下，是文化中无意识的部分，它承载着我们行为背后的信念、价值观和动机。

使文化变得更加复杂的是，一个人可能是许多文化中的一员。例如，教师职业蕴含了一种文化。你可能属于与你的国籍、种族、宗教、兴趣、政治观点等相关的文化。每种文化都有自己的一套思想、传统和价值观。你所属的不同文化在这些方面不一定一致，也不需要一致。

**练习4：你的文化视角**

1. 从本章的练习1、2和3中收集答案。

2. 拿出一张白纸，在靠近纸的顶部的地方（大约10%的地方）画一条线来表示冰山的一角，在线上面留出足够的空间来写字。

3. 在你的冰山一角上，列出练习1和2中你对哭泣、身体攻击和言语攻击的个人反应和专业反应。

4. 在冰山表面以下的部分（白纸的其余部分），列出这些反应背后的原因。例如：你可能相信给孩子一些惩罚，这样他们长大后就会成为好公民；或者你可能会让孩子待在外面，因为当你还是个孩子的时候，这对你很有效。在纸的背面，你需要回答以下问题。

- 孩子应该在几岁时被授以规则？
- 什么年龄的孩子应该自己用餐具吃饭？
- 婴儿在哭泣时学会让自己平静下来对他们有好处吗？
- 什么年龄的孩子应该在晚上独自睡觉？
- 孩子应该在什么年龄被允许做出选择？
- 抱着孩子会让他们产生更高的需求吗？
- 什么年龄的孩子应该断奶？
- 当婴儿难过时，让他们"哭出来"合适吗？

- 任由婴儿"哭出来"会让他们在情感上没有安全感吗?
- 孩子应该在几岁开始如厕训练?
- 对孩子来说,有一个一致的时间表很重要吗?
- 发火是一种育儿技巧吗?

> **案例分析 4:我的文化视角**

我一直不知道自己是黑人,直到我 5 岁的时候,一个小女孩告诉我,我可以通过洗掉黑皮肤来摆脱它。在学校里,直到中学,我都是班里唯一的黑人女孩。多年来,当谈到奴隶制的话题时,我独自忍受着每个人都盯着我看的尴尬时刻。

虽然我的学校中的文化不是多元化的,但我的街坊邻居来自不同的文化背景,我喜欢在公共汽车站听我的亚洲朋友给我的发型建议,从我的隔壁邻居那里了解不同社会文化的区别,并从中得到乐趣。我还认为,父亲在我 2 岁时被诊断出患有多发性硬化症①,有助于我欣赏那些拥有不同能力的人。因为和不同的人有不同的经历,我在很小的时候就学会了根据和我在一起的人来改变我的语言和习惯。

**我的文化视角如何影响我与孩子的关系?**

作为父母,我和雷金纳德花了一段时间才弄清楚我们在管教孩子方面的立场。尽管我小时候有时会受到打屁股的威胁,但除了我在前面分享的经历外,我对自己被打屁股的记忆并不清晰。雷金纳德和我不确定我们属于"不打不成器"的一派,还是属于"罚停"的一派,所以对于这两种方法,我们都有所尝试。

---

① 英文为"diagnosis of multiple sclerosis",是以中枢神经系统炎性脱髓鞘病变为主要特点的自身免疫病。——译者注

由于我从事的是教育工作，因此我查看了相关研究。比如，友田明美（Akemi Tomoda）和同事的一项研究表明，每月被打一次屁股的儿童的大脑前额叶皮层的灰质比被打屁股次数较少或根本没有被打过屁股的儿童要少，而灰质实际上有助于大脑获得自我控制。美国儿科学会（American Academy of Pediatrics）建议成人不要打儿童屁股。伊丽莎白·格肖夫（Elizabeth Gershoff）和安德鲁·格罗根-凯勒（Andrew Grogan-Kaylor）基于50年研究的分析证实，打屁股和虐待儿童会导致相似的结果。格肖夫对62年来88项研究的分析表明，被打屁股的儿童在童年和成年时期都倾向于表现出攻击性行为。

虽然雷金纳德和我在决定停止打孩子屁股前考虑了这些信息，但其他文化也对我们的选择产生了强烈的影响。作为一名教师，我一直在学习替代管教策略，我和雷金纳德分享了这些策略，我们了解得越多，就越不会打孩子。我们的非裔美国人文化也影响了我们的决定。我对乔伊·德格鲁伊（Joy DeGruy）的研究和记者斯泰西·巴顿（Stacey Patton）的文章很感兴趣，他们强调打屁股不是非洲文化固有的事实，而是历史创伤的副产品。因此，我现在是积极管教的坚定支持者。但我们做出这个决定的最主要原因很简单：打孩子给我们带来了不好的感受。

## 🏷 处理你的经历

这些练习可能会激起你强烈的情绪。回顾过去有助于我们了解未来，丹麦哲学家索伦·克尔凯郭尔（Søren Kierkegaard）提醒我们，生活"必须向前看"。让我们一起审视你的感受，这样我们才能继续。

**对有挑战性行为的孩子（及其家长）持负面态度是正常的**

当我与教育工作者交谈时，我经常发现他们对有挑战性行为的孩子及其家长有强烈的负面情绪。如果你在教育领域工作过，那么你可能就会有共鸣。为什么摆脱一个悲观者的身份这么难呢？这是因为人类的大脑是这样连接的。

根据罗伊·鲍迈斯特（Roy Baumeister）和他的同事的观点，从生物学的角度来看，我们祖先的生存有赖于对可能存在的威胁的即时反应。因此，负面事件和信息会引发更多的思考，引发更强烈的反应，得到处理的速度甚至比积极情绪或理性反应更快。让事情更复杂的是，负面印象形成得更快，也更难改变。事实上，董光恒（Guangheng Dong）和他的同事指出，我们的大脑有一种自然的"消极偏见"，或者倾向于把我们的大部分注意放在问题上。不幸的是，正如克里斯滕·多莫奈尔（Kristen Domonell）在华盛顿大学医学院出版的《非常健康》（Right as Rain）中所说的那样，大脑对所有感知到的危险做出反应，就像它们危及生命一样，因此不管是孩子向你扔椅子，还是孩子的家长对你侧目而视，你都会有这些反应。难怪我们倾向于消极地对待这些孩子及其家长！

## 为什么成人要与孩子的负面情绪斗争？

成人有时会对负面情绪（如悲伤、愤怒、怀疑、焦虑、尴尬和恐惧等）感到不舒服。在这些成人态度的影响下，孩子们学会了压抑这些情绪，而错过了学习如何正确管理这些情绪的机会。这反过来让羞耻和否认的模式出现，愤怒的模式加剧。因此，儿童的社会情感发展可能会受到负面影响。

我的同事兼教育工作者杰克·麦克布赖德（Jac McBride）曾说过："整个世界只有3岁。"这个比喻完美地描述了我们作为成人在恰当地表达自己的情绪和同情他人时所做的努力。由于我们中的许多人在小时候不被允许处理自己的负面情绪，所以我们在看到孩子表现出同样的情绪时，会产生不舒服的感觉。因此，当孩子表现出具有挑战性的行为时，我们没有展示出高级的情绪控制能力，而是永远经历着与小时候相同的恐惧和情绪失控。这就是为什么当一个3岁的孩子发脾气时，你自己也很难不发脾气。

**管理你的情绪**

我，和你们中的许多人一样，已经学会了压抑自己的负面情绪，这往往会导致我们在 2 岁的孩子说"不"时勃然大怒。很明显，这不是处理情绪的最好方式，特别是因为在儿童早期的环境中，孩子们的负面情绪很常见！值得庆幸的是，有一种更好的方法可以防止别人的情绪激怒我们。

经过多年的实践，我学会了用好奇心来应对负面的情绪表现，以及它们在我心中激起的所有感受。我确实是一个不断地取得进步的人，我练习得越多，我就越能看穿情绪表现的表面，将我的精力用于了解其根源。我仍然经常要阻止自己用别人的愤怒或不良行为来为自己辩护。如果有人表现出负面情绪，那么我会努力接受这种情绪，超越"3 岁"，不让它引发我内心的任何负面情绪，这样我就能善意回应。每当我帮助一个孩子或成人以积极、健康的方式表达负面情绪时，它实际上帮助我学会了如何运用表达自己感受的策略，并与那些讨厌的负面情绪建立积极的关系。

## 🏷 识别个人偏见

当你处理自己的情绪并学习"超越它"策略时，你可能会遇到一些内在的阻力，即隐性偏见。现在，我知道只要我提到"偏见"这个词，人们就会开始抗议："我没有偏见！你怎么能这么说？你根本不了解我！"但在你把这本书扔到房间的另一边，或者觉得必须捍卫自己的道德品质之前，让我解释一下：有偏见并不会让你成为一个坏人。每个人都有偏见。这都怪你的大脑，它天生就有偏见。正如凯瑟琳·伍德豪斯（Kathleen Woodhouse）在《福布斯》（*Forbes*）的一篇文章中所说："如果你有大脑，你就会有偏见。"事实上，当教师面对表现出挑战性行为的孩子时，偏见尤其容易在教师的脑海中浮现，无论我们是否意识到这一点。偏见阻碍了我们客观思考和适当地处理挑战性行为，所以我们学会认识并克服自己的偏见非常重要。

有些偏见是显而易见的，比如公然的种族主义或性别歧视，但我敢说，大多数教师并不持有这些态度。事实上，隐性偏见往往与我们公开宣称的信念不相符。所以我们在这里审视的是隐性偏见，或者我们甚至不知道自己有偏见。这些偏见尤其麻烦，因为即使我们没有意识到它们，它们也会影响我们的行为。

一些研究为这一点提供了生动的例证。例如，贾森·奥科诺弗亚（Jason Okonofua）、格雷戈里·沃尔顿（Gregory Walton）和贾妮弗·埃伯哈特（Jennifer Eberhardt）对来自美国各地的一组不同的 K—12 教师进行了一项研究。在实验中，教师拿到了学校的学生记录，上面标着常见的黑人名字［如德肖恩（Deshawn）或达内尔（Darnell）］和白人名字［如格雷格（Greg）或杰克（Jake）］。结果显示，教师更有可能将黑人学生归类为捣乱分子，将多次违规视为一个相关的模式，并建议对违规学生进行严厉的惩罚。

在另一项研究中，大学教授和研究人员安德鲁·托德（Andrew Todd）、凯尔西·蒂姆（Kelsey Thiem）和丽贝卡·尼尔（Rebecca Neel）收集了不同年龄和种族的人的人脸图像，然后把这些照片给本科生看。接下来，研究人员让学生们将文字和图片分为威胁性的和非威胁性的。研究人员发现，在看到黑人面孔后，参与者更有可能将图片和文字归类为威胁性的。例如，其中一张图片展示了一把枪。在看过一个白人孩子的脸后，参与者一致认为枪是一个玩具，并把这张图片归类为非威胁性的。然而，在看过一个黑人孩子的脸后，参与者更有可能将枪视为武器，并将图片以及"暴力"或"敌对"等词汇归类为威胁性的。当参与者看到 5 岁的黑人儿童的照片时，这种"偏见"依然成立。

埃米·哈尔伯施塔特（Amy Halberstadt）和她同事的一项研究为这一话题提供了更多的信息。这些研究人员向实习教师展示了黑人和白人（男性和女性）的人脸图像，并要求实习教师识别这些人的面部表情是积极的还是消极的。然后，研究人员向参与者展示了黑人和白人男孩在学校的不当行为的视频，并要求参与者对这些不当行为的敌意程度进行评分——从 1（最低）到 5（最高）不等。结果表明,实习教师更容易将黑人的面部表情误解为消极的,更容易将黑人男孩的不当行为视为有敌意的。

现在,看完这些统计数据,你们中的一些人可能会想,"我不认为我们学校的教师是那样的",或者"安杰拉,我根本没有看到偏见!孩子就不能只做孩子吗?"。如果这些就是你的经历,我很高兴听到你这么说。我希望所有孩子都有这样的经历。即使你不持有这些偏见,其他人也可能会持有。因为偏见往往是隐性的,所以是无意识的。作为教育工作者,我们都必须注意偏见,这样我们才能帮助自己和他人克服偏见。

### 案例分析 5:发现我的个人偏见

当我还是一名教师的时候,如果我听说有研究显示出对黑人儿童的隐性偏见,我就会倒吸一口冷气,厌恶地摇着头,认为自己没有这种偏见,然后完全不受影响地回到教室。毕竟,我对挑战性行为的看法怎么会带有偏见呢?作为一名黑人女性,我不是更清楚这些刻板印象吗?事实证明,我并没有自己想象的那么清醒。我希望作为一名黑人女性能让我对某些类型的偏见更加敏感,但如果因此得出结论说我没有任何偏见,这就有点言过其实。当我审视自己的隐性偏见时,我得到了一些令人不快的"惊喜"。

正如你们从前面的章节中了解到的,尽管我已经尽了最大努力,但有时我还是会犯这样的错误:当孩子们的行为不符合我的认知或过去的经验时,我就会主观地看待他们的行为。例如,在我的课堂上,我的行为体现了性别偏见,明确地约束那些参与特定类型游戏的孩子,而不是那些没有参与的孩子。相较于教室里的其他学习区(如积木区),我更喜欢角色游戏区,所以我花了更多的时间来建立角色游戏区。当女孩们在游戏中宣称"没有人是我的朋友",她们不会邀请任何人参加她们的生日聚会时,我和她们谈了谈友谊,然后就结束了。但在我的职业生涯开始时,当男孩们开始谈论超级英雄、摔跤时,我甚至拒绝谈论这些话题。多年后回想起来,我觉得和男孩们谈论他们的爱好也没有什么坏处。

当我与家长一起工作时，他们对挑战性行为的一些反应让我深感担忧，有时会让我对孩子和他们的家庭做出笼统的概括。当我把孩子的攻击性行为告诉家长时，他们的反应是告诉孩子"如果有人打你，你就打回去"或者咯咯发笑。他们的评价可以概括为"不是我孩子的问题，是学校教学人员的问题"；或者他们甚至向我保证，让我再也不用担心孩子会挨打了，因为有"拖鞋（la chancla）"①。但我和我的学校都不容许有这种体罚。我经常有这样的想法："这些人有什么毛病？难道他们看不出自己在帮倒忙吗？"

我花了很多年的时间与家长打交道，才明白诸如此类的行为和言论不是问题的一部分，而是家庭文化的一部分。我意识到，如果驱使行为的动机中90%是无意识的，那么家长就不是故意拆我的台；他们试图支持他们的孩子或我的努力。尽管我并不总是同意他们的行为，但这两种意图都令人钦佩。这种认识很重要，因为彼得·迪托（Peter Ditto）、戴维·皮萨罗（David Pizarro）和戴维·坦嫩鲍姆（David Tannenbaum）对推理和道德的研究表明，我们倾向于根据自己的意图来判断自己，根据他人的行为来判断他人。此外，研究人员埃伦·莱斯利（Alan Leslie）、乔舒亚·诺布（Joshua Knobe）和亚当·科恩（Adam Cohn）还发现，当人们认为一种行为是错误的时候，他们更有可能给这种行为贴上故意的标签。一旦我理解了我的判断背后的理论依据，我就开始强迫自己根据家长的善意来更积极地评价他们。

正如这些例子所表明的那样，教育工作者在面向孩子和家长开展工作时，必须谨慎检查由隐性偏见引起的盲点，以消除具有挑战性的行为。由于隐性偏见通常根植于文化中，因此可能会被忽略，并且微妙地、无目的地、无意识地出现。从神经学的角度来看，我们的大脑被设计成"模式化"和过分概括化②的，

---

① 西班牙文化中用来描述体罚形式的一个术语。——译者注
② 属于自动化思维中的一种，它具体指由一个偶然事件而得出一种极端信念并将之不当地应用于不相似的情境中。——译者注

即使我们认为自己是公正的。当我们与来自陌生文化的人打交道时尤其如此，这使得发现我们的隐性偏见变得更加困难。瑞安·斯托利尔（Ryan Stolier）和乔纳森·弗里曼（Jonathan Freeman）研究了参与者在观看不同面孔的图像时的大脑活动，他们发现我们的大脑在生物学上是主观的，即使在我们没有意识到的情况下也会产生刻板印象。神经科学家雨果·施皮尔斯（Hugo Spiers）和他同事们的研究表明，一旦这些观念在大脑中根深蒂固，我们就会对那些符合这些刻板印象的人的信息做出强烈的反应。

为了抑制无意识的偏见，许多白人教育工作者在做出管教决定时，有时会听从有色人种教育工作者（或与孩子属于同一文化的教育工作者）的意见。然而，使用这种做法的教育工作者误解了隐性偏见对每个人的影响。我们可以将偏见内化，甚至包括对自己所属种族或性别的偏见。例如，吉列姆和他同事的一项研究表明，虽然研究中所有教师都有偏见，但黑人教师对黑人学生的态度往往比对白人学生更严厉，并建议对黑人学生实行更严厉的管教。

**一些常见的隐性偏见**

我意识到这些关于偏见的信息会让你产生各种各样的情绪。你们中的一些人可能会有点气馁："哦，不，安杰拉。我是有偏见的，尽管我很努力地不这样做。我是个糟糕的人！"你们中的一些人可能会很好奇，而另一些人可能会怀疑甚至漠不关心："嗯，我从来没有过这些经历。"不管你怎么想，听我把话说完。

记住，你不会因为有隐性偏见而变坏。每个人都有隐性偏见。但当你面对挑战性行为时，隐性偏见会妨碍你进行清晰公正的思考，所以你需要决定如何处理这些偏见。克服隐性偏见的第一步是意识到它们。所以现在我们来审视成人在处理挑战性行为时所面临的一些常见的隐性偏见。

**"嗯，后来我没事了。"**

类似的话我在讨论中听了太多次了——"我小时候经历过这样那样的情况，后来我没事了；因此，这种情况不应该成为这个孩子的问题，她也会没事的"。

你能认出以下这些变体吗?
- "在我小时候,我什么都没有,但我从来没有像这些孩子这样做。"
- "我每次开口说话时,都会被打屁股,但我挺好的。"
- "我的父母总是吵架,我长大了也没事。"

这些想法代表了一种认知偏见。心理学家阿莫斯·特沃斯基(Amos Tversky)和丹尼尔·卡内曼(Daniel Kahneman)研究了认知偏见,并声称人们经常基于有缺陷的推理进行论证。在这种情况下,这种论点过分简化问题,错误地在完全不同的情况下得出同样的结论,并且没有考虑到各种情况下可能影响结果的因素。

尽管我自己也用过"后来我没事了"的说法,但我必须承认,自己可能并不是最客观地评价自己是否还好的人。我的意思是,我愿意认为我很好,但我相信你也能找到其他持不同看法的人。再说了,"没事"是什么意思?它对不同人的意义可能并不相同。换句话说,是否有任何个体能够真正客观地评估一种经历是否伤害或损害了他?他真的能够看得开,知道如果发生或不发生某件事,他的生活依然会变得更好吗?

如果你很难摆脱"后来我没事了"的想法,考虑一下这些问题:
- 我们是否都在用同样的标准衡量一个人是否"没事"?
- 如果我们"没事",那么这是否意味着我们没有进一步提高的欲望?
- 你能够忍受某种经历或情况,但这是否意味着每个人都可以忍受?
- 你是否有可能因为获得了并非人人都拥有的支持而能够忍受某种特定的情况?

你只是一个个例。那些并非"没事"的人怎么办?
- 你是否能够超越自己的个人情况来探索一个想法?即使对你没有影响,某件事情是否也很重要?

- 你愿意让一个仍然在用水蛭治疗各种疾病的医生给你看病吗？如果医学、技术、时尚和发型可以发展，那么关于儿童及其行为的观念是否也可以发展呢？

的确，每个人都通过自己的哲学棱镜来看待世界，但如果你的思维从未超越自己，它就会限制你的视野。采用某种经验并将其强加到每个人身上，是有问题的。科学研究和新的信息给了我们机会去理解自身之外的观点、探索思想的演变，并利用我们的所学帮助我们所服务的孩子们。

**逸事证据与其他来源证据的对比**

另一种常见的隐性偏见听起来是这样的：

- "计时暂停法总能让我乖乖听话，为什么对现在的孩子不起作用呢？"
- "我奶奶总是说婴儿必须'哭出来'，这样他们才能学会自己入睡。"
- "这种策略永远不会奏效。我表弟对他的孩子们也试过，现在他们什么事都跟他吵！"

当然，你和你的经历都是独一无二的，这些经历会对你的教学实践产生巨大的影响。如果你试图只用面粉和牛奶做蛋糕会发生什么？结果可能是你做出来的成品可以吃，但它不是一个蛋糕（当然也不是很好吃）。

就像烘焙一样，为了有效地与幼儿合作，我们需要将各种想法以正确的比例融入我们的实践中。我确实认为我们的经历和感受是重要的和有效的。是的，这些年来，我也与朋友和家人进行了一些有趣的交谈，其中许多交谈涉及在当地杂货店观察别人的孩子，以及对当今世界的缺憾和即将到来的世界末日的宣告。但如果世界另一端的人看到同样的事件，他也会有同样的想法吗？研究人员能否从另一个程序规范的研究中得出同样的结论？我叔叔哈里关于儿童情绪调节的理论可能包含一些有用的见解，但是，它们对我的实践的影响，也许不像 200 篇研究文章（其中包括 30 年来从 20 个国家收集的数据）的影响那样大。当我们限制自己只从个人感受或经验中学习时，我们就给自己的学习设限了。

此外，要记住，看似矛盾的想法实际上可以共存。例如，你可以重视孩子承受现实世界压力的能力，也可以重视孩子表达强烈情感的能力。这些想法并不相互排斥。重视研究并不意味着你必须完全忽视自己的经历或餐桌上的对话。

**怀旧的危害**

在听到新的想法或处理挑战性行为时，我们可能会发现自己在回忆"过去"我们是如何做事的。让我们花点时间来理解其背后的心理学。

怀旧是一种怀念过去的情感。具有讽刺意味的是，这种对过去的渴望是我们应对当前挑战的一种方式。怀旧是一种心理工具，在不确定的时候给我们提供安全感。孩子产生挑战性行为，会引起成人的焦虑，于是我们把自己包裹在记忆的毯子里，从中找到安慰。

但是，我们从怀旧中感受到的温暖和舒适感也可能会成为一种障碍。理智上，我们知道过去和现在都有好的和坏的因素。但是，如果你只看过去的优点和现在的缺点，那么你的观点就失衡了。执着于过去可能是一种有用的应对机制，但当这些想法成为我们用来避免现在发生的事情的唯一办法时，它可能会适得其反，导致我们错过获得新的策略或经验的机会。专注于过去可能会转移我们的注意力，但会使我们无法解决目前实际上在我们的控制之下的问题。

为了保持平衡，避免陷入低效的思维模式，请记住，过去的要素将我们带到了现在，无论你处于什么时期，生活都是一个混合的袋子。还要记住，不是必须要将现在发生的事情与过去发生的事情进行比较。过去和现在并不相互冲突。

## 小 结

这一章给了我们很多值得思考的内容。如果这些信息不符合你固有的想法，我能理解。我花了数年时间研究、处理这些信息，并据此采取行动。就我个人而言，当接受一个新想法时，我会经历五个阶段，你可能会有一些相同的感觉。

1. **否认**："这是假的。"
2. **愤怒**："我讨厌这本愚蠢的书。"
3. **讨价还价**："嗯，如果我尝试，孩子们可能就会开始参与活动。"
4. **抑郁**："为什么就不能简单一点呢？"
5. **接受**："我有什么可失去的？我现在的做法不起效。"

无论你处于什么阶段，我都鼓励你坚持下去。如果你愿意承认并积极应对自己的情绪，你就会在处理课堂上的挑战性行为方面取得更大的成功。因此，深吸一口气，安慰一下自己，让我们继续这个过程的下一步。

# 第三章　用专业的眼光看待挑战性行为

如果你已经处理好自己的情绪，并认同情绪对你当前行为的影响，那么你会有什么感觉？希望你能够平静下来，卸下负担，集中注意，关注如何帮助你所教育的孩子。

## 定义你的专业自我

本章的内容和练习将帮助你了解，作为一名专业人士，如何应对挑战性行为。这项工作建立在我们于第二章中所探讨的情绪处理的基础上，我们期待能进一步帮助你了解你现在的情况和未来的发展方向。

在完成每个练习后，阅读其后的案例分析。这些例子来自我自身的经历。你们会发现，师幼互动中教师个人的经历将如何影响其对挑战性行为的反应。

### 练习1：你的专业形象

1. 作为一名专业人士，你是如何看待自己的？用文字和图片创作拼贴画。
2. 在纸张的背面，回答以下问题。
- 这个形象与你期待的自己的专业形象匹配程度如何？
- 这个形象与你希望别人对你专业形象的认识的匹配程度如何？
- 作为一名专业教师，你现在的素养和你想要具备的素养之间存在什么差距？

## 成人的行为和态度影响儿童的行为

回忆一下自己最近的一次出行，不用花太多时间。例如，我上次去超市可以说是一次大冒险，我产生了各种各样的情绪：当我费力地穿过购物车"海洋"时，我感到非常害怕，尽管这些购物车从未上过马路；当我注意到那些特别暴露的时尚用品时，我非常吃惊；当我看到 30 个收银台中只有两个是开放的时，我感到很沮丧。在通常情况下，即使是最难忘、最受珍视的家庭聚会也会出现负面因素，与孩子一起互动也是如此。其实，重要的是要拥抱这段旅程的方方面面。虽然每名教师都渴望自己班级的孩子快乐、守规矩、完美，他们听从指示，彼此安静地玩耍，但很少有教师能说他们实现了这个梦想（如果有，我倒很想见见）。因此，作为教育工作者，我们有两种选择：一是继续为理想而奋斗，但会因为无法实现的理想而不断感到沮丧；二是重新想象一个和平教室是什么样的，这样即使在不完美的经历中我们也能获得快乐和满足。

我所说的和平教室是什么意思呢？圣雄甘地（Mahatma Gandhi）、多萝西·汤普森（Dorothy Thompson）、罗纳德·里根（Ronald Reagan）和摔跤手胡尔克·霍根（Hulk Hogan）都说过类似的一句话："和平不是没有冲突，而是有处理冲突的能力。"同样，一个和平的教室里并不是没有悲伤、愤怒、嫉妒和沮丧。每一种情绪都会在某个时刻进入课堂。相反，一间和平教室的维护有赖于成人处理各种情绪的能力。如果成人知道如何适当地应对，那么他们也可以帮助孩子们处理好情绪。

当然，适当地应对说起来容易做起来难，尤其是当你觉得孩子似乎是故意激怒你的时候。作为一名顾问，我经常问教师："你认为孩子挑战性行为背后的原因是什么？"许多教师回应说，"打扰我"或"毁了我的一天"。我知道那种感觉！不久前，我的丈夫就怀疑我班级里的幼儿在试图毁掉我。我花了很长时间才成长为一名专业人士，并意识到实际上孩子的大多数挑战性行为并非出于恶意，我的工作也不是让有挑战性行为的孩子为他们的所作所为付出代价。实际上，和孩子的老师交流让我学会了如何调整自己的专业观点。

> **案例分析 1：沮丧的教师，沮丧的孩子**

我永远不会忘记我和雷金纳德在我们儿子的学校里的一次特殊会面。我们的儿子丹尼尔和他的老师似乎总有矛盾。当雷金纳德和我在学校的开放日见到我们三个女儿的老师时，我们受到了热烈的欢迎："你们好，瑟西先生和太太。见到你们真高兴。"但当我们见到丹尼尔的老师时，他们的目光冰冷，我们之间的交谈生硬且尴尬。在丹尼尔上六年级的时候，雷金纳德和我决定参加学校会议，以促进丹尼尔在学业上进步。所以那年我们三个人一起参加了教师－家长会议。在与丹尼尔的语言艺术老师见面时，她说："我对他无能为力，我尽力了。"请注意，这是在我 12 岁的孩子面前说的话。

后来，我问丹尼尔对老师的评论有何感想。我至今还能回忆起他的回答："好吧，如果我不知道该怎么办，她也不知道该怎么办，那我就完蛋了！"直到今天，丹尼尔的话还在我耳边回荡。如果他知道该做什么，他早就做了！如果这种绝望来自一个 12 岁的孩子，那么 2 岁或 3 岁的孩子又会有什么感觉呢？

后来，一切都好起来了。丹尼尔从大学毕业后继续读研究生。我和雷金纳德非常自豪！但我希望丹尼尔的老师们能更好地理解他，这样我们就能有更多积极的回忆。

## 孩子们会注意言语、态度和语气等

通过丹尼尔的老师，我注意到一个我们很容易忽视的关键点。尽管我们经常觉得孩子们对我们没有丝毫关注，但实际上他们注意到的比我们想象的要多得多。他们不仅会注意我们说的话，还会注意我们说话的方式、我们说话时的肢体语言，甚至更多细节。我们通过这些途径传递的信息可能会对他们产生意想不到的后果。

正如我们在第二章所讨论的，对有挑战性行为的孩子感到消极是正常的。

然而，这些感觉往往促使成人给孩子贴上负面的标签，这反过来会影响孩子的发展及其成年后的生活。例如，研究表明，那些被贴上攻击性标签的孩子往往会把这些问题带到青春期。道奇发现，被贴上攻击性标签的孩子往往会陷入恶性循环。杰弗里·拉蒙特（Jeffrey Lamont）、德博拉·佩里（Deborah Perry）和他们同事的研究表明，这些孩子可能会不断遭受同龄人的拒绝、教师的惩罚以及经历学业失败。

让我们花点时间来研究一下成人和儿童之间的关系是如何影响儿童今后的发展的。在一项研究中，理查德·费伯斯（Richard Fabes）和他的同事们研究了孩子的社交能力与父母对孩子的消极情绪的回应之间的关系。研究人员指出，当父母口头（例如"如果你要哭，你就回房间去"或"你反应过度了"）或以其他方式表现出对孩子的情绪感到不舒服时，孩子就很难调节好自己的情绪，参与社交互动的能力也会下降。妮科尔·佩里（Nicole Perry）和她的同事们发现，小时候因负面情绪而受到惩罚的大学生，成年后会有更多的情绪管理问题。同样，L. 埃伦·斯鲁夫（L. Alan Sroufe）、南希·福克斯（Nancy Fox）和范·潘凯克（Van Pancake）的一项研究表明，反应迟钝的照护者照看的孩子总是需要成人不断地认可、关注和接触，这会影响孩子其他方面（如同伴交往）的发展。相反，那些在有积极回应的照护者照看下的孩子在幼儿园阶段会更加自主。

成人必须记住，孩子们并不是"全副武装"地来到这个世界的。孩子们通过与成人的互动来学习该做什么。只有成人察觉、识别儿童的情绪并建立恰当的安抚模式，采用有效的策略，才能让孩子们获得相关技能，帮助他们成为有能力、独立的成人。

## 分析你目前的专业实践

所有教师都有自己的一套专业实践来处理幼儿的挑战性行为。有些教师会大吼大叫，有些教师会训诫幼儿，还有一些教师干脆无视这种行为。在你能够改进你的实践之前，你需要清楚地知道你已经做了什么。接下来的内容将提供信息、练习和问题来帮助你分析自身目前的职业习惯。

## 遵循专业指南

任何挑战性行为应对策略的第一条基本规则就是遵循你所在地区的教师专业标准。专业标准中的原则提供了一个起点，帮助确保你使用的任何策略都符合道德和法律规范。专业组织，如你所在国家或地区的教育协会，在处理挑战性行为时也提供了道德准则。全美幼教协会（National Association for Education of Young Children，NAEYC）为幼儿教育工作者制定了标准。此外，州、省或地方许可标准和质量评级系统也可以为你提供进一步的指导。

如果你在工作中使用已出版的课程，课程材料可能包含额外的与本课程相协调的、应对挑战性行为的指导方针和建议。这些建议可能会助力并影响你在整个"超越它"过程中的决策。它们还能帮助团队的所有成员保持一致。因为"超越它"和大多数课程一样，以研究为基础，所以这两种系统应该是互补的。

## 确定你的专业价值观

我们每个人都有自己的个人价值观和专业价值观。专业价值观并不仅仅局限于个体，它也会体现在工作指导方针、专业和许可标准以及道德规范等方方面面中。师生评估、循证课程和项目标准等均有助于我们确定自己的专业价值观，并指导我们日常与孩子们的互动。

尽管我们承认自己的个人价值观，但在工作场域中，专业价值观必须优先指导我们的决策。虽然这不是一件容易的事情，但是在不同的时刻考虑不同价值观的优先序列是我们必须承认、实践和培养的技能。无论你对挑战性行为的本能反应是什么，专业的教育工作者都能察觉到并摒弃那些可能与专业要求或幼儿福祉不一致的个人感受。

### 练习 2：个人价值观与专业价值观

1. 在一张空白的纸上，画一个与图 3.1 类似的维恩图，并填上空白。

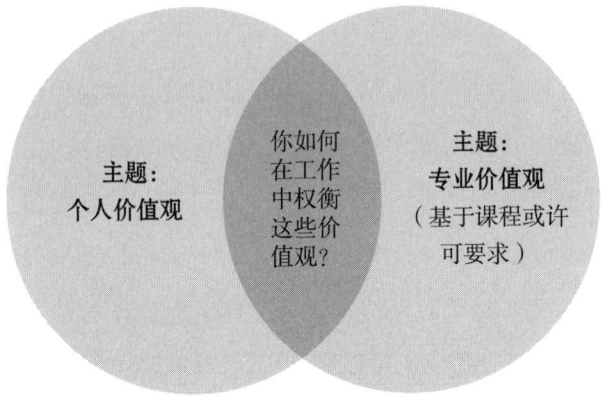

图 3.1

2. 在这张纸的背面，回答以下问题。
   - 你的个人价值观和你的专业价值观之间有哪些潜在的或明显的冲突？
   - 当面对这些冲突时，你如何确保自己履行了职业义务？

你可以把这个练习作为一种反思的工具，持续地促进相关技能的发展。在每次教职工会议、培训课程或专业学习共同体会议开始时，试着选择一个特定的焦点（如纪律或时间管理），并为该主题填写这张维恩图，以促进自我反思和讨论。随着时间的推移，使用这个工具将成为你的一种思维习惯。

### 案例分析 2：我的个人价值观与专业价值观

我来自一个非常传统的中产阶级核心家庭。我接受的是典型的美国中西部地区的价值观：父母既不是你的朋友，也不是你的玩伴，孩子们没有自己的想法，他们需要被监督，而不是被倾听。在通常情况下，成人要对孩子严格要求，以便他们能为未来残酷的社会生活做好准备。

然而，我的成长经历并没有影响我的专业价值观。我天生爱玩，能从孩子们说的有趣的事情中获得乐趣，所以我喜欢和他们交谈，倾听他们的意见。偶尔我也会想"如果我不那么苛刻，我就不能让孩子们为即将到来的残酷生活做好准备"，但我通常不接受这个想法。

**我的专业价值观如何影响我的专业实践？**

在我的教育生涯中，我的专业价值观与学前教育的核心价值观非常契合。这种契合使我在实践中更好地执行了优先事项。例如，我非常重视（现在依然重视）游戏，也很喜欢设计富有游戏性的环境——这与"游戏是儿童学习的中心"这一理念完美契合。当其他教师抱怨每周的课程计划时，我喜欢思考每周和孩子们一起进行的新冒险。我乐于与孩子们交谈，这有助于我支持他们的语言发展。简而言之，有些事情在某些教师眼中只是工作，而我看到了施展魔法的机会。

## 辨别你对气质和文化的专业态度

当我还是一名行为专家的时候，我在为有特殊需要的孩子们设计的游戏小组里施展我的魔法。这个小组的治疗师介绍了一个可爱的 2 岁男孩——内森，他虽然还不会说话，但每周都会把小组搞得一团糟。在我们约好的那天，我走进教室，问哪个孩子是内森。其中一名治疗师说："别担心。只要耐心等着，你就会发现他。"这时，我注意到的是，孩子们非常投入地相互交流，房间里到处都是玩具。

刚开始时，游戏小组一切正常，直到一名治疗师大声喊道："集体活动时间到了！"问题立刻暴露出来了。你见过一个小孩一下子就把架子上的东西都打翻吗？是的，内森做到了。突然间，我被空中飞来的玩具，甚至是椅子包围了。连锁反应也迅速产生。一些孩子加入，开始扔东西，另一些孩子开始哭泣，一个患有自闭症的孩子开始转圈。治疗师花了几分钟才使教室恢复秩序。

为了开始我们的"神奇"之旅，我帮助治疗师为内森填写了一份气质量表

（类似于你在第二章填写的那份）。他2岁了，还不会说话。根据我的发展评估，通常孩子们快到3岁时，他们的词汇量能达到40~50个。内森的感觉阈值也很低，他对声音很敏感，很难适应新环境，而且倾向于逃避。

那么内森扔椅子的事呢？这与我们的话题有什么关系？当一个2岁的孩子扔椅子时，这不是有力量的表现，而是恐惧的表现。当我听到这样的故事——"你见过孩子掀翻木桌或推倒沉重的柜子吗？"时，我知道，故事中孩子的肾上腺素激增。当大脑感知到身体或情绪上的危险时，肾上腺就会释放肾上腺素。这种激素的释放，让我们看到了孩子的内心世界："我不是生气，我是害怕。"

如果你觉得"一个关于集体活动时间的简单通知应该不会导致这样的反应"，那么你很有可能站在成人的角度根据对"集体活动时间"的理解来判断内森的行为。治疗师和我意识到，从一个2岁孩子的角度来说，向集体活动过渡——突然的大声宣布，随后是活动的突然变化——往往会令他感到恐惧和不舒服。于是，我们调整了过渡环节，把灯光调暗，大家一起轻轻地唱着整理玩具的歌曲，并让一名治疗师在过渡期间靠近内森，低声告诉内森这里很安全。如果歌声太大，他可以戴上耳罩。整理完毕后，我会打开手电筒，低声念叨："集体活动地点在哪里？集体活动地点在哪里？"然后，我会带着孩子们在房间里"寻找"一圈，直到我们最终到达地毯前。

在地毯上，我们增加了视觉效果和辅助手段来支持内森，否则他可能无法保持注意力，因为他的听觉很敏感。我们让他选择继续戴耳罩，以抑制一些潜在的嘈杂声。我还用图片创作了一个短篇故事，并告诉孩子们，如果声音太大，他们就可以把手指放在嘴唇上。

这一切都发生在4月，当我在6月回来的时候，内森（他现在快3岁了）正在用手电筒带领其他孩子去集体活动区。同一天，我感到一种巨大的成就感。因为我吃东西的时候有点太兴奋了，声音也随之提高了，所以内森走到我身边，看着我的眼睛，把他的手指放在嘴唇上，告诉我"嘘"。最令人欣慰的是，他再也没有打翻架子上的东西！

## 练习3：你对气质和文化的专业态度

1. 返回去看看你在第二章中填写的气质量表。在同一张纸上，用不同的颜色，评估一名有挑战性行为的孩子的气质。
2. 在同一张纸上，用第三种颜色来评估一名和你相处得很好的孩子的气质。
3. 在纸张的背面，回答以下问题。

- 你和你评估的两个孩子有什么不同？
- 你照护的其他孩子在量表上的得分如何？
- 当你与孩子、孩子家长或者同事的气质不匹配时，你如何调整？
- 你的反应与你所属的文化有何关联？

**我对文化的态度如何影响我的专业关系？**

苏格兰哲学家和经济学家亚当·斯密（Adam Smith）用"看不见的手"这个形象的短语来描绘那些驱动我们的行为却难以被我们意识到的事物。虽然他是在讨论经济学时使用了这个短语，但我的文化也像一只看不见的手，在我意识不到的情况下塑造了我的生活和日常互动。

当我做自我评估时，不同的经历让我相信，我与孩子、孩子家长以及我的同事一起工作时，我没有文化偏见。但是现在回想起来，我意识到我可能不是评估自己的最佳人选。我发现自己与家长或同事发生冲突，往往是因为我的行为方式反映了我无意识的文化态度。

- 当我将孩子的行为问题告诉家长时，他们没有把我的担忧当回事，我感到很沮丧。一些家长甚至会不以为意地笑着分享他们如何在家里和孩子一起打游戏，或者孩子如何从电影或电子游戏中学到不恰当的行为。在我成长的家庭里，打架是不可想象的，而且不管虚构的角色做了什么，都要有一定的行为准则，我不明白为什么家长对孩子这样的行为漠不关心。

- 在这些持怀疑态度的家长中,有一个家长最让我恼火,他说:"孩子在家里不是那样的!"我是一名多年从事儿童研究和教育工作的专业人士——他怀疑我的话吗?还是他认为我会违背个人和专业价值观,在他孩子的事情上撒谎?
- 如果我在课堂上与一名同事意见不合,有时事情会变得非常严重,以至于我们会互相不说话,而是通过孩子来维持基本的互动:"去告诉史密斯老师,我需要胶水。"毕竟,不说话总比争论好,对吧?

直到我职业生涯的后期,我才开始发现自己的文化偏见。当时我参加了一个讲座。我先写下了10个我信任的人(非亲属)的名字的首字母。然后我根据他们多样性的特点进行分类。在这个练习中,多样性不仅包括种族和民族,还包括性别、受教育程度、性取向、残疾与否、职业、社会经济地位和婚姻状况等。有趣的是,我发现自己信任的大多数人都是教育工作者、中产阶级和受过高等教育的人。我意识到我在更多的时候只与和自己相似的人交流。也许这个狭隘的圈子限制了我的视野。此外,我如何看待不当行为或冲突与我的经历和心态有很大关系。这种心态又来自我的文化。

这个活动彻底改变了我的想法。现在,在我看来,与持不同意见的人互动不再是为了争出高下,而是帮助自己了解不同的文化和观点。我意识到,当我因意见不合而与孩子、家长或同事发生冲突时,我的愤怒只会影响我对信息的判断,制造更多的冲突。对别人生气并不会改变对方的行为,但它确实改变了我的行为,而且往往使情况恶化。为什么要为我无法控制的事情生气呢?接受一个人并不意味着一定要接受这个人的所有行为。

现在,当我从家长或同事那里听到一些与我的价值观冲突、让我不安的话(如"孩子在12岁之前不需要有规则")时,我就会尝试着"练习暂停",这是作家洛丽·德舍纳(Lori Deschene)给我们的建议。也许我会停下来喝口水,给自己思考的时间。这有助于我放慢速度,避免妄下结论。当我这样做的时候,我可以观察家长而不是评价他们，支持他们的需求而不是盲目"站队"，即使我不理解为什么家长要做某事，我也要尽量感同身受。这让我顿感轻松，因为我意识到自己其实不需要完全同意家长的意见，只需要支持他们就好。

### 案例分析3：接受与支持家庭

为了说明这一点，让我们回到2005年。当时我还是一名治疗师，在家访中为孩子和家庭提供支持与服务。有次有个叫萨拉的小女孩，她的行为……我该怎么委婉地说呢……失控了！我很难让这个孩子在任何任务上集中注意力超过一秒钟。为了找到原因，我向萨拉的母亲艾梅询问了萨拉的睡眠习惯。艾梅表示，萨拉的日常生活没有规律。萨拉经常熬夜到凌晨，一边看电视，一边来回穿梭于自己的房间和哥哥姐姐的房间。我一次又一次地和艾梅讨论如何为萨拉制定一个睡眠常规，但都无济于事。

随着治疗的推进，如果我在晚上家访，艾梅偶尔会留我吃晚饭。我不想留下来，不想吃东西。我对萨拉和艾梅感到失望！但我想和这家人维持关系，所以我会留下来吃点东西以示礼貌。这样持续一段时间后，我逐渐发现艾梅对她的花园非常自豪。于是我们有了一些共同的话题。

几个月后，我开始注意到萨拉的行为有所改善。我告诉艾梅，萨拉的老师和我终于看到我们的办法取得了成效。艾梅表示，基于我分享的办法，她几周前就开始和萨拉一起制定睡眠常规并逐步实施了。我震惊了！我只是简单地接受了这个家庭的现状，接受了萨拉和艾梅都不会改变这一事实。我意识到，我和艾梅聊得越多，我们的关系就越融洽，我就越能融入艾梅信任者的圈子，她也逐渐愿意尝试我的想法。

## 辨别你对纪律教育的专业态度

纪律教育到底是指什么？"discipline"（纪律）一词来自拉丁语"disciplina"，强调"指导"或"教学"，这一概念与传统的纪律观不同。传统的纪律观侧重于在孩子做出不可接受的行为时惩罚他们。相比之下，积极的管教侧重于引导孩子，教给他们可接受的行为方式。

### 练习 4：你对哭泣的专业态度

在一张纸上回答以下问题。

- 当孩子哭泣时，你通常是如何回应的？你想那样回应吗？
- 你对孩子哭泣的容忍程度如何？孩子哭泣会刺激到你的神经吗？你团队的其他成员呢？
- 你是否担心在孩子每次哭的时候把他们抱起来会宠坏他们？
- 你是否担心你的时间被一个爱哭的孩子占据，而无法满足其他孩子的需求？
- 回想一下第二章的"练习 1：你哭闹和发脾气的经历"。你对孩子哭泣的回应与自己的成长经历有什么关系？
- 从你的个人生活到你的专业生活，这种回应有改变吗？为什么？
- 你对孩子哭泣的回应是否符合职业道德规范或质量评级体系的要求？
- 你对孩子哭泣的回应与你的课程理念相符吗？你的课程是以研究为基础的吗？
- 特定的时间或日期会影响你对孩子哭泣的回应吗？
- 孩子的哭泣会引发你的消极情绪吗？
- 你能积极地看待孩子的哭泣吗？
- 你的工作环境中是否存在不利于正确应对孩子哭泣的压力？
- 课程计划如何帮助你回应孩子的哭泣？

### 案例分析 4：我对哭泣的专业态度

我已经提到过，我对自己孩子的眼泪的回应前后不一致。但有趣的是，作为一名教育者，我对其他孩子的回应截然不同。在我当教师和治疗师的这些年里，我对哭泣的孩子有很高的容忍度，不管我的生活中发生了什么，也不管那是一天中的什么时候。我喜欢称之为OPK①（"别人家的孩子"）效应。当我和别人家的孩子一起工作时，面对哭泣，我通常会平静地回应，重复说"没事的，你会没事的"，然后温柔地抚摸他。如果孩子的年龄太小，我甚至会把他抱在我的腿上。我对哭泣毫不在意，以至于其他教师会把无法被安抚的孩子带到我的教室。

**我对哭泣的态度如何影响我的专业实践？**

我曾经帮助过一名幼儿园教师巴哈尔，她班上有个不停哭闹的孩子西娅拉。每天早上入园的时候，西娅拉就开始哭。不仅西娅拉难以忍受这种分离焦虑，她的母亲埃伦也一样。埃伦会逗留很长时间，拿不定主意自己是否要离开，这似乎让西娅拉陷入了一种无法平复心情的状态。

当我问巴哈尔，她对西娅拉的教育目标是什么时，巴哈尔说西娅拉应该"停止哭泣"。如你所知，我对哭泣的容忍度很高，但我能看出巴哈尔有多沮丧。顺便说一句，她对西娅拉很好。我温和地提醒巴哈尔，"停止哭泣"不应该成为她为孩子的学习和发展制定的教育目标。根据课程目标和评估结果，对于西娅拉而言，适宜的教育目标使她能够处理分离焦虑，并与照护者建立积极的情感联系。西娅拉需要我们帮助她学习这些技能。

为了支持西娅拉（和埃伦）实现这些目标，巴哈尔和我想出了几个办法。首先，巴哈尔让埃伦带一张自己的照片到幼儿园。巴哈尔之前已经为她的班级创建了一个可视化的日程表。她将埃伦的照片放到日程表中。在每个过渡环节，西娅拉会将埃伦的照片移到下一个活动旁。这个方法帮助她明白自己还需要多久才能再次见到母亲。为了帮助西娅拉掌握相关技能，巴哈尔根据"如果你快乐，你会知道"的曲调创作了一首歌："如果你悲伤，你会知道，请擦干你的眼

---

① 英文全称为"other people's kids"，意指别人家的孩子。OPK效应指面对别人家的孩子时，成人的态度会与面对自己家的孩子时有差别。——译者注

泪……如果你悲伤，你会知道，请握住我的手……"①这样巴哈尔通过歌曲中的每段歌词，给西娅拉罗列出了处理悲伤的不同方法。

### 练习 5：你对攻击的态度

在一张纸上回答以下问题。

- 当孩子表现出身体或言语攻击性行为（PVA）时，你通常会如何回应？你想那样回应吗？
- 你对孩子 PVA 的容忍程度如何？PVA 会刺激到你的神经吗？你团队的其他成员呢？
- 回想一下第二章的"练习 2：你关于攻击性行为的经历"。你对孩子 PVA 的回应与自己的成长经历有什么关系？
- 从你的个人生活到你的专业生活，这种回应有改变吗？为什么？
- 你对孩子 PVA 的回应是否符合职业道德规范或质量评级体系的要求？
- 你对孩子 PVA 的回应与你的课程理念相符吗？你的课程是以研究为基础的吗？
- 特定的时间或日期会影响你对孩子 PVA 的回应吗？
- 孩子的 PVA 会引发你的消极情绪吗？
- 你能积极地看待孩子的 PVA 吗？
- 你的工作环境中是否存在不利于正确应对孩子 PVA 的压力？
- 课程计划如何帮助你回应孩子的 PVA？

---

① 改编自歌曲 If You're Happy and You Know It（《幸福拍手歌》）。这首歌对帮助孩子学习适宜的行为非常有用。我们将在后面的章节中讨论更多使用此歌曲的方法。

### 案例分析 5：我对攻击性游戏的专业态度

当我刚开始自己的教师生涯时，我不允许在我的监督下出现任何攻击性游戏。我禁止孩子们在教室里玩"枪"或"打架"，这没有任何商量的余地。但在我的儿子出生后，我意识到这种游戏更多的是为了救人，而不是伤害别人。后来，根据我在儿子的学校的经历，我决定不再让孩子们为自己的经历感到羞耻，也不再限制他们的想象力或相关的游戏主题。毕竟，玩"过家家"也会导致攻击性行为的发生（记住，孩子们注意到的，以及与教师分享的——比我们想象的要多得多），但我并没有限制这种游戏。

**我对攻击性游戏的专业态度如何影响我的专业实践？**

当我看到孩子们玩不安全或不合适的游戏时，我开始尝试将这些游戏引向积极的方面，而不是"一刀切"地禁止。如果孩子们玩"警察抓小偷"的游戏，并开始相互"射击"，我就会问孩子们警察还能做些什么，或者与他们谈论那些帮助弱势群体的社工[①]。如果孩子们扮演忍者，开始玩"空手道格斗"，我会拿出一张地图与他们讨论日本人。玩摔跤游戏可以引发关于获胜者佩戴的金腰带[②]的讨论。甚至当孩子们假装僵尸时，我也一点不担心。我会努力将讨论的话题引向日常吃的食物或牙齿护理。游戏可以说是探索和理解世界上各种各样的人和概念的绝佳机会。

注意，孩子们天生爱玩！我儿子帮助我认识到，游戏有利于儿童探索各类情境和情感，无论它们是真实的还是想象的。作为一名教师，我必须适应、计划并对所有类型的游戏做出积极的回应。现在，攻击性游戏对我来说就是一个

---

[①] 社会工作者，简称社工，是指在社会福利、社会救助、社会慈善、残障康复、优抚安置、医疗卫生、青少年服务、司法矫治等社会服务机构中从事专门性社会服务工作的专业技术人员。——译者注

[②] 职业拳击组织对于某一级别冠军的奖赏，得到"金腰带"就意味着成了"拳王"。——译者注

信号，它提醒我走近孩子，向他们提供支持与帮助，以促进游戏向积极方面转化，而不是明令禁止这些游戏。当孩子们的游戏变得有攻击性时，这也意味着此时是提问的好时机。有时，孩子们参与攻击性游戏，可能是因为他们目睹了某种类型的暴力，或者正通过新闻报道了解一些"暴力事件"。这时他们需要心理健康服务。每次孩子们"piu-piu"①时可以说都是极佳的机会：我们可以讨论和平解决问题的方法，帮助他们正确理解和处理现实生活中或从电视上看到的相关事件。

### 案例分析6：梅森和杰米亚

在我当幼儿园老师的时候，我为班上一个叫梅森的孩子而感到烦恼。我以前也见过表现出攻击性行为的孩子，但这次完全不一样。梅森不停地咬一个叫杰米亚的女孩。杰米亚是班上最可爱、年龄最小、最友好的孩子。梅森没有任何咬她的理由。这种事情发生的次数越多，我就越不喜欢梅森。从来没有人问过我的想法，把一个3岁的孩子称作"连环杀手"肯定也不合适。我努力克制自己的情感，听从管理人员和顾问的建议，尝试让梅森停止咬人。但是，正如我之前提到的，任何策略都不奏效，杰米亚进了医院，家长们齐聚学校表达愤怒。

**梅森和杰米亚对我的专业实践有何影响？**

这件事发生几周后，我才得知原委，原来梅森患有创伤后应激障碍。这时，我才不再生他的气了。相较于他究竟怎么了，我更想知道他以前曾经历过什么，以至于他受到的影响如此之深。事实证明，梅森目睹了多次家庭暴力。我知道他的母亲正在接受戒毒治疗，但由于她正在康复，我就没有关注到过去发生的事情实际上仍然在影响梅森现在的行为。

了解了梅森的经历，他的行为就变得可理解了。在梅森看来，咬任何靠近自己的人能保证自己的安全。即使是在一个安全的新环境中，周围都是与他同

---

① 孩子们模仿"打枪"时发出的声音。——译者注

龄的孩子，他也不知道其他的回应方式。杰米亚是班上唯一一直想和梅森做朋友的孩子，她总是想靠近他，所以他就咬她。

我转变了想法，开始同情梅森，并意识到自己需要改变与他互动的方式。我开始和他待在一起，当有人靠近时我会提醒他，这样他就不会感到受威胁。我发现，强迫梅森看着我的脸或与我进行眼神交流会导致他反应过激，进而伤害我。当我需要和他说话的时候，我会弯下腰和他高度齐平，从侧面接近他，甚至在他背后轻轻地在他耳边说话，这样能够让他平静地回应我。在意识到这一点之前，我一直认为用胶带划定空间以确保梅森有足够的空间，似乎是浪费时间的荒谬行为。现在我把这些行为看作必要的策略。我改变了方法，梅森也改变了他的行为。

梅森和杰米亚的故事告诉我们以下道理。

（1）作为成人，我们必须以健康的方式处理负面情绪，否则愤怒会增加，怨恨会滋生。教师对表现出挑战性行为的孩子感到沮丧，这是正常的。但我们不能一直沮丧下去。愤怒和怨恨会阻碍我们深入思考和解决问题。如果你和孩子没有建立积极的关系，任何策略都不会奏效。

（2）常常回头看看发生了什么，问问自己这件事为什么会发生，并尝试接受那些不符合你目前的经验或思维逻辑的理由。我小时候从来没有接触过攻击性行为，所以当我现在看到孩子们有这种行为时，我总是想知道他们在幼儿园之外经历了什么。

（3）处理攻击性行为有点像做"罗夏墨迹测验"①。在这个测验中，心理学家拿着一张张抽象的墨迹图，问病人看到了什么，并根据病人的回答来判断其情绪情感。就我而言，我看待梅森行为的方式影响了我对他的回应，我的看法也影响了自己的实践和对干预效果的评估（"浪费时间"或"有必要"）。

---

① 英文名称为"Rorschach test"，是非常著名的人格测验，也是少有的投射型人格测验。——译者注

（4）如果杰米亚能够不断努力，那么我也可以。从那时起，我就一直在努力学习这个可爱、友善的小女孩的精神。

## 🏷 梳理你的行为

到目前为止，你可能已经意识到，你的学生并不是唯一需要纠正某些行为的人。只要无益的行为一直阻碍着你，你就无法帮助幼儿纠正他们的挑战性行为。好消息是，现在我们将学习如何理清这种混乱的情况！别担心。理清行为的步骤就像洗衣服一样。

> **成人行为清单**
> 1. 理清你的感受。
> 2. 修复关系中的裂痕。
> 3. 找到支持关系的策略与方法。
> 4. 赋予行为以意义。
> 5. 选择一套策略。
> 6. 遇到困难时要有耐心。

现在，我们只需要关注前三个步骤，任何人都可以做到（我们将在后面的章节中研究其他步骤）。

### 第一步：理清你的感受

在美好的日子里，教育孩子就像在公园里散步。在其他的日子里——好吧，我们可能是在侏罗纪公园里。在那些日子里，我们似乎忘记了解决问题既是一项智力活动，也是一项情感活动。在多数时候，教师往往把过多的注意力放在智力方面，而忽略了其情感方面的内容。当你教室里的孩子表现出强烈的情感时，最后一次有人问你的感受是什么时候？也许你会像我一样，答案是永远没有！

> 还记得我笑的时候有多可爱吗？——我刚咬了我旁边的孩子，还啃了三块积木。

正如我们已经发现的，个人反应会影响专业行为。教育者不仅要管理孩子，还要管理由孩子触发的自身情绪。有趣的是，除了闲聊之外，似乎没有人愿意理会教师的情绪。但是，由于成人的情绪和行为与孩子的行为相辅相成，甚至可以预测孩子的行为，因此，我建议，成人的糟糕情绪应该成为我们讨论的首要话题。

可以说，各种情绪都是我们生活中必不可少的一部分。能够坦然地接受并谈论这些情绪是个体健康的重要表现。然而，关注事件消极方面的固有倾向可能会成为我们的障碍。当教育者、家长和治疗师关注哪里出了问题时，他们会连接自己大脑中最原始的部分，即情感大脑。正如我之前所说，一定程度的消极情绪是正常的，但如果这些情绪在你的大脑中徘徊，它们就会改变你的思维过程。暂时情绪化是可以的，但长期情绪化往往会产生消极的影响。你的第一直觉可能就是你最情绪化的想法，但不幸的是，它们往往不是最合乎逻辑的选择。

为了解决问题，在认知和情感之间保持平衡是非常必要的。为孩子们的最大利益而工作的成人，必须能够控制自己的情绪、悬置判断，以便做出客观的决定。孩子们经常受自己的情绪控制，但这并不意味着成人也必然如此。因此，在实施任何控制挑战性行为的策略（包括阅读本书的其余部分）之前，重要的是，先承认并理清你对孩子、家长及同事的负面情绪，这样才不至于使你的思维失去平衡。

当毫无礼貌的孩子夺门而入时；当孩子粗鲁地骂你，用各种绰号称呼你时；当你心跳加速，身体紧张时；当你在包里准备了辞职信，想"今天做些什么吧！就在这封信上写上日期，然后把它交上去，这样你就再也不能摆布我了！"时——所有的痛苦和挫折都是你努力的信号。强迫自己去想孩子积极的一面；强迫自己审视孩子的想法；强迫自己记住，脏话可能是这个孩子唯一知道的表达感情的词语；强迫自己去想这些难听的绰号是不是孩子在家里被叫的名字；强迫自己深呼吸，并数到五。在一天结束的时候，允许自己好好哭一场，把一切都发泄出来，然后寻求帮助——因为在你的内心深处，你知道除了这份工作，没有其他工作更适合你。

强迫自己从来不是件容易的事！当我要求自己这样做的时候，我常常发现自己需要先冷静下来，然后才能思考问题的解决方式。其实，有很多方法可以让我们冷静下来。一些教育工作者建议深呼吸、用风扇降温、数到五、大哭一场（在教室外）、向朋友宣泄、冥想、吃零食，或者喝杯酒（在家里）。我喜欢把这些策略称为"冷静策略"，因为它们会让你在激动的时候"冷静"下来，然后找到问题的突破口。

### 练习 6：你的"冷静策略"

1. 在一张纸上画一个温度计的轮廓。
2. 与其在温度计的旁边写数字，不如列出能帮助你的"冷静策略"，这样当孩子表现出挑战性行为时，你就能督促自己。

### "超越它"策略

当你面对孩子们的挑战性行为时，强迫自己是至关重要的。但是强迫自己到底是什么意思呢？当你的情绪变得逐渐失控时，除了找回理智——尽管这是一个重要因素——我们还需要其他策略。这时，"超越它"策略就有了用武之地。这是一个认知过程的缩写（见图3.2），它将你的大脑从最初的情绪反应转移到更高层次的认知思考，这样你就可以解决问题了。

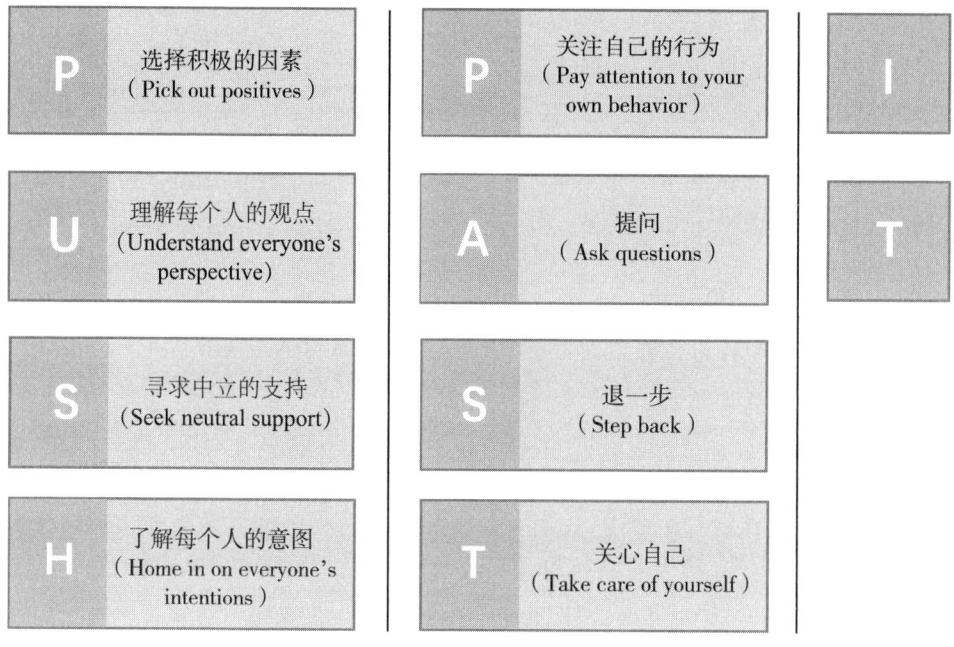

**图 3.2**

方法的掌握从来不是一件一劳永逸的事！你必须不断地重复练习，直到自己形成一个连续、完整的思维模式。这样，当你遇到孩子们的挑战性行为时，你就能迅速找到解决办法。

### 练习7：练习"超越它"策略

1. 想象一个表现出挑战性行为的孩子、家长或同事。使用附录A中的"超越它"表格，在这页底部写下你对那个人或那些人的负面情绪。

2. 在表格上写下对每个字母相应内容的思考，完成"超越它"策略。

- **选择积极的因素：** 至少写出一件发生在孩子、家长或同事身上的积极事件。
- **理解每个人的观点：** 从孩子、家长或同事的角度描述情况。真诚地面对自己，了解对方的感受。

- **寻求中立的支持**：列出你与其谈过这一情况的人员的清单。考虑一下他们是否真的中立，还是只是在附和你的想法。如果他们不是中立的，列出其他更有可能帮助你的人。
- **了解每个人的意图**：基于前面的内容，写下你认为孩子、家长或同事通过挑战性行为意欲实现的目标。孩子是真的想毁了你的一天，还是想拼命表达自己的需求？家长是真的想伤害孩子，还是不知道该如何正确表达？同事是故意刁难你，还是在个人生活上遇到了困难？你最近问过这些人过得怎么样吗？
- **关注自己的行为**：列出你对挑战性行为的身体和情绪反应。
- **提问**：教育者应该以好奇心来回应挑战性行为。也许头脑风暴可以帮助你找到挑战性行为背后的原因。孩子是否有营养膳食、充足的睡眠，并能够保持卫生？家长是否因为其他事件而不是你，变得心烦意乱？家长是否因为自身糟糕的学校经历而不合作？家长是否把不相关的挫折感发泄到你身上，还是仅仅在应对生活困境？你的同事压力大吗？
- **退一步**：暂停。花点时间仔细审视一下情况，认真思考。写下任何你能想到的办法。
- **关心自己**：列出你调整自己的所有方法。

3. 现在再看一遍你写在这页底部的想法。将那些消极的陈述，转化为积极的观念、想法或问题，这可以帮助你与孩子、家长或同事一起更好地工作。把这些积极的想法写在这页的顶部。

下面是一个可供参考的内容示例。

- **消极的情绪**："乔治快把我逼疯了！每天，我都要处理他从其他孩子那里抢玩具的事。他的父母从不接电话，也不回我的电话。他们懒得教他说'请'和'谢谢'以及其他的基本礼仪。"
- **选择积极的因素**："乔治的笑容很美。他的父母送他上幼儿园，所以他们一定很重视教育。"
- **理解每个人的观点**："乔治可能会感到困惑或害怕,因为他是新来的。他们家刚刚搬家,父母都有了新工作,所以他们可能有些不知所措。"
- **寻求中立的支持**："我的同事会倾听并鼓励我,但乔治也快把他逼疯了。也许我应该和我的领导谈谈,征求一些中立的意见。"
- **了解每个人的意图**："乔治从别人手里抢玩具是出于自私,还是他想表达一些他还无法用语言表达的内容呢?是他的父母真的不在乎他是否有礼貌,还是我与他的父母对'什么是礼貌''孩子应该什么时候学习礼貌'的看法不一致呢?"
- **关注自己的行为**："当乔治从其他孩子那里抢玩具时,我的心跳加快,我感到十分焦虑。"
- **提问**："乔治和他父母的生活中发生了什么事情,会让他们这样做?乔治会因为离开熟悉的学校而难过吗?他的父母没有接听我的电话,是因为他们太忙了,没时间处理这件事吗?"
- **退一步**："现在我想起来了,乔治的睡眠时间表可能不正常,因为他还不习惯他的新卧室。"
- **关心自己**："我尽可能在学校里做课程计划,这样我就不用在家里想了。我每天晚饭后都去散步,每个周末都会和朋友一起聚聚,这样我会充满希望。"

当你在表格的顶部重新表述你最初的消极想法时,它们可能看起来像这样:
- ★ "乔治快把我逼疯了!"
    - → "这很难,但我想帮助乔治。"
- ★ "每天,我都要处理他从其他孩子那里抢玩具的事。"
    - → "他才 3 岁,还不知道怎么分享。"
- ★ "他的父母从不接电话,也不回我的电话。"
    - → "我会继续努力,找出与他的父母沟通的有效办法。"

★ "他们懒得教他说'请'和'谢谢'以及其他的基本礼仪。"
→ "我想知道他们的家庭生活究竟是什么样的。"

## 第二步：修复关系中的裂痕

当你发现你最好的牛仔裤上有个小洞，或者你最喜欢的衬衫的缝合线上有个裂口时，你会心烦吗？如果你不缝补，经过几次清洗和烘干后，损坏就会变得越发严重。你和孩子的关系就像织物一样：它们有一定的灵活性，但在压力过大的情况下，例如，当你们的大多数互动都涉及挑战性行为和惩罚时，它们就会破裂。当你帮助一个孩子消除他的挑战性行为时，你和他的关系会经历更大的挑战，所以在你尝试任何改变其行为的策略之前，你需要先修复关系。

**案例分析 7：失败的"暖毛策略"**[①]

许多年前，我给一名叫德娅的幼儿教师做过咨询。她说她班上有个孩子叫莱德，他总是踢打教师和其他孩子，而且不听话。我问她："莱德的这种行为是从什么时候开始的？"德娅说："每天都有，莱德一进来就开始了。"谈到这里，我意识到莱德可能性格活跃，渴望与新朋友交往。他可能有强烈的消极情绪，也可能有强烈的积极情绪。

我团队中的一位顾问露西利，去德娅的教室里示范如何使用"暖毛策略"，这是一种用来增强师幼关系的技巧。莱德进来后，露西利称赞他走进房间时很有礼貌，并给了他一团非常柔软的棉花。莱德微笑着积极地回应。露西利问莱德吃早餐时能不能表现好一点，并告诉他如果表现好，她就再给他一团棉花。一天下来，莱德有了很多令人感到温暖的棉花，他需要一个小袋子来装它们。

---

① 暖毛策略（warm fuzzy strategy）是利用"温暖的绒毛"（如棉花）强化幼儿的积极行为，以此改善师幼关系的一种策略。这种策略能够让幼儿和教师感受到彼此的热情与温暖。——译者注

那天他没有出现任何挑战性行为。

德娅太兴奋了！她迫不及待地想自己试试这个策略。她回到家，甚至给她的棉花上色，还给它们做了一个特别的袋子。

第二天，露西利看到德娅称赞莱德走得好，并急切地给他一团柔软的棉花。莱德看了看那团棉花，把它扔在地上，踩在脚下，朝它吐口水，然后跑开了。德娅哭着说："我做错了什么？"露西利后来告诉我，那一刻，她意识到德娅和莱德的关系很糟糕。考虑到这些棉花的命运，露西利和我认识到，在师幼关系修复之前，德娅尝试的任何策略都无法改变莱德的挑战性行为。

德娅接下来花了两周时间来修复她和莱德之间的关系。她在门口迎接他，经常和他一起玩，接近他（注意，他仍会打人），试图在再次尝试"暖毛策略"之前更好地了解他。纠正莱德的行为是一个持续的挑战，但德娅的故事告诉我们，在试图改变孩子的行为之前，修复你与孩子的关系是多么重要。

**为什么你和孩子的关系如此重要？**

研究表明，德娅遇到的难题并不是个例。格雷戈里·马钱特（Gregory Marchant）、沙龙·保尔森（Sharon Paulson）和芭芭拉·罗斯利斯伯格（Barbara Rothlisberg）的一项研究表明，富有支持性的社会环境和师生关系往往预示着学生有更高水平的学习动机与学业成就。朱克曼的另一项研究表明，建立友好关系是帮助长期捣乱的学生改善行为的重要策略。帕梅拉·盖默（Pamela Garner）及其同事的一项研究表明，教师的热情和支持与学生的学习成绩提升有关。相反，珀文·德米尔卡亚（Pervin Demirkaya）和哈蒂斯·巴卡洛格鲁（Hatice Bakkaloglu）指出，在学龄前阶段，儿童的问题行为往往预示着幼儿和教师之间的冲突关系。让事情变得更加困难的是，问题行为又会对这些关系产生负面影响。难怪挑战性行为的怪圈很难打破！

如果你正在读这本书，那么你和孩子的关系可能已经受到了一定程度的损害。你该如何修复这种关系呢？根据约翰·戈特曼（John Gottman）和罗伯特·利文森（Robert Levenson）的研究，在牢固的人际关系中，把握好积极和消极时刻的比例——5个积极互动对应1个消极互动——至关重要。积极关系是消除挑战性行为的重要根基。

为了建立厚实的基础，你要保证每天连续花两分钟和那个孩子在一起，持续两周。在那段时间里，你要以积极的方式与孩子互动（提前计划这些互动通常会有所帮助，可以参阅附录B的计划表）。例如：指出孩子做得对的地方；和他说话；叫他的名字；与他进行眼神交流；和他一起玩；请他帮助你；读书给他听；拥抱他；允许他选择先做哪项活动；让他告诉你他的兴趣；讲个笑话，和他一起笑；和他一起吃午餐或午点；让他选择一个你们可以一起做的事。以上每一个活动，以及你能想出的其他活动，都有助于弥合你们的关系裂痕。

在补衣服的时候，你有没有被针扎到或者被剪刀剪到？就像德娅的故事一样，你的善意可能没有得到对方积极的回应，甚至你可能一开始会被孩子深深地伤害，但请你务必继续努力！你可能需要从一个简单的"安全别针"[①]策略开始——和孩子待在一起，保证每个人的安全。当你花时间和孩子一起时，你不仅要"修补"关系，还要"改变"关系，因为你消除了消极的看法，有了新的看待问题的积极视角。

### 案例分析8：回形针挑战

我知道你们中的一些人会对此感到惊讶。最近，当我把这些想法告诉林恩时，她惊呆了。"多花点时间陪这个孩子？"她说，"你在开玩笑吧？！这个孩子已经占用了我所有的时间！"但当我让林恩回忆她和凯利一起活动的情况时，她意识到自己把时间都花在了指导凯利上。这不是凯利需要的积极的、修复关系的时间。

为了保持积极的态度，林恩采用了一种不同寻常的策略，这一策略主要是

---

① 在有拉链、纽扣或其他扣件之前，我们的祖先用大针把他们的衣服扎牢在一起。但是锐利的针尖很危险，人们将针折弯过来，用扣子扣住一端，避免针尖造成危险。——译者注

基于作家詹姆斯·克利尔（James Clear）的思想提出的。林恩每天早上的第一件事就是在衣领上别 10 个回形针，以此来衡量自己的积极程度。每当她对凯利说一些否定性的话语（如"凯利，不要""不，谢谢你，凯利"，或者"别这样，凯利"）时，她就会取下一个回形针。第一天，刚到上午 9 点，林恩的回形针就没了！她这才意识到自己是多么消极，她必须修复与这个孩子的关系。

林恩开始改变她和凯利说话的方式。林恩不再说"不"，而是试着把她的话转换成一个问题，例如"你应该这样做吗？"或"规则是什么？"。这些问题不仅帮助林恩变得更加积极，还帮助她提升了自己的支持水平——她现在一方面指导凯利的行为，一方面促使凯利建立自己的思维模式。

林恩发现，她对待凯利的方式影响凯利回应她的方式。林恩不再说"不，谢谢"，而是开始告诉凯利该怎么做——"走过去""温柔点""那把椅子是用来坐的"等。结果，林恩惊奇地发现，凯利能够很好地理解她的指示。林恩还注意到，当她使用多样化的词语时，凯利也如此。

林恩修复了她与凯利的关系，她的策略开始发挥更大的效用。她意识到她突然有更多的时间在教室里做其他事情。你看，每个人一天只有 24 小时。如何有意识地利用这些时间，才能使自己变得更高效呢？

## 第三步：找到支持关系的策略与方法

在洗衣服之前，你需要仔细看衣服上的标签，上面清楚地标示了这件衣服的护理方法。它只适用于手洗或干洗的方式，还是可以被直接扔进洗衣机？是否需要预处理以防止褪色？能否放进烘干机？如果你无视这些说明，坚持自己的想法，那么你最终可能会得到一件干净的衣服，但它也许不再是原来的颜色或大小了。你肯定对这些衣服毫无兴致了（有人不小心穿了粉色袜子①吗？）。

同样，教育工作者必须花时间走进那些表现出挑战性行为的孩子的内心，

---

① 因其他红色、粉色衣物的颜色渗出而被染成粉色的袜子。——译者序

以便更好地照顾他们。他们的长处是什么？他们的兴趣是什么？这些信息是指导你帮助孩子改变行为的最有效策略（我们将在后面的章节中了解更多相关的内容）。

### 案例分析9：找到支持卡洛斯的策略与方法

在做顾问期间，我曾帮助过一位名叫埃玛的教师。她非常关心一个叫卡洛斯的孩子。卡洛斯沉默寡言，很少说话，而且十分容易害羞。埃玛根本不知道卡洛斯心里在想什么，也不知道该如何评价他。

我问的第一个问题是："卡洛斯喜欢什么？"埃玛说："他每天都穿一件印有摔跤手约翰·吉纳（John Cena）的衬衫。"她不知道卡洛斯是否有一个装满这种衬衫的衣橱，或者他的母亲是否比那些20世纪50年代的"快乐的家庭主妇"更擅长洗衣服。"但我不能用这个兴趣点！"埃玛说，"我不想在我的教室里鼓励摔跤。"

我建议埃玛以一种积极的方式利用卡洛斯的兴趣来帮助他建立自助技能。我复制了约翰·吉纳的照片（将它印在衣服上），埃玛把它们和其他服装道具一起放在表演区。结果令人惊讶！卡洛斯见到他最喜欢的摔跤手后十分兴奋，他开始说话了。他越来越愿意敞开心扉，事实证明，他进行加减运算的能力远远超过了同龄的孩子。

## 小　　结

说实话，作为一名专业人士，我还在不断地成长。我的逻辑思维和情绪情感经常"打架"。"超越它"策略说起来容易，但并不容易做到，即使是我，也是如此。我发现，处理挑战性行为和促进自身专业发展、教育孩子一样，需要花费很多精力。每一次应对挑战性行为的经历都帮助我更好地掌握"超越它"策略，更好地了解自己。反过来，技能的提高也能帮助我更好地应对未来的棘手事件。

作为一名专业人士，你的效率在很大程度上取决于自己的人际关系质量和实践反思水平。"超越它"策略在你和自己的情绪之间提供了一个反思的空间，帮助你从新的视角考虑新的应对策略和方法。通过改善自己的行为，你能与孩子建立良好的关系，并为有效地实施改变孩子行为的策略奠定良好的基础。

# 第四章 与家长合作

孩子：我要向爸爸妈妈告发你！

我：如果你的爸爸妈妈这么聪明，他们就会来问我。把电话给我，让我来说，事实上你的爸爸妈妈根本不知道班里的情况。

别被孩子骗了！我和你应该在同一个战线上。

我很想和你的家人谈谈！

你有同感吗？在与孩子相处困难的情况下，与家长一起合作可能也会很困难。有时家长表现出的行为和他们的孩子一样具有挑战性。家长之间的冲突关系往往不利于孩子的发展。本章将探讨如何处理你对家长的感受，如何在家长出现挑战性行为时与其进行有效沟通，以及当家长拒绝或不能帮助你解决孩子的行为问题时该怎么做。

### 练习1：家长的行为和你的感受

1. 拿一张纸，把它分成三栏。
2. 在第一栏中，列出所有家长让你抓狂的言行。
3. 在第二栏中，写下这些言行带给你的感觉。
4. 第三栏暂时留白。

### 🏷 对家长使用"超越它"策略

正如练习1所说明的，就像我们遇到孩子的挑战性行为一样，我们对有挑战性行为的家长的第一个想法通常是我们最情绪化的想法，而不是最合乎逻辑的想法。如果你在完成练习1后情绪激动，那么在继续阅读之前，请尝试使用第三章列出的一些"冷静策略"。

对一些教育工作者而言，与家长互动有时比与孩子互动更令人沮丧、愤怒和痛苦。填写"超越它"表格（见附录A），这可以帮助你释放负面情绪。在填写该表格时，请考虑下列观点。

- **选择积极的因素：** 虽然人无完人，但每位家长都有自己的长处和优点。
- **理解每个人的观点：** 你知道自己不可能每隔一小时就带一个13个月大的孩子去洗手间（是的，家长要求我这样做），因为你要照顾整个班级中的所有孩子。但是孩子的父母没有类似的经验。如果有家长问孩子"你的老师说谎吗？"等问题，你应该理解他们针对的可能不是你，而是孩子以前的老师，那些老师可能没能有效地支持孩子发展。家长可能在提交材料时拖拖拉拉，也许这是因为他不确定你会用收集到的信息做什么，也可能是因为他对自身的读写缺陷感到羞愧。
- **寻求中立的支持：** 我们不是都有特别支持自己的同事吗？当我们与他们分享自己的困惑时，他们总是说"那家人是疯子，不是你的错""别把他们的话当真"。是的，被肯定的感觉很好，我们也经常通过这种交流增进感情。但这些话真的能帮助我们解决问题吗？你可以向同事倾诉，但更重要的是向那些中立者寻求帮助，他们会帮助你从多维度思考、权衡问题。
- **了解每个人的意图：** 这些家长想成为你的敌人吗？尽管你可能会有这种感觉，但大多数家长只是希望孩子发展良好。作为教育工作者，我们也是这样希望的。我们和家长的目标一致，只是我们各自达成目标的方式不同而已。
- **关注自己的行为：** 当你和家长交谈时，你的肢体语言如何？你的语气如何？关键不在于你说了什么，而在于你怎么说。

- **提问**：这个家庭正在经历什么？一切都顺利吗？有家庭成员生病了吗？他们之间有矛盾吗？他们是否因为自己以前的在校经历而做出某种特定的反应？
- **退一步**：有时退一步往往能帮助你做出积极回应，而不是被动反应。有意识的"暂停"能为你进行深思熟虑创造必要的空间和时间。
- **关心自己**：有时我们会因自己无法控制的事而给自己施加过多的压力。与其尝试控制家长，不如专注于与他们建立和谐的关系。

请记住："超越它"策略的使用往往是一个持续的过程，不可能一劳永逸，所以有时你需要针对某个家庭重复使用该策略。

### 案例分析1："被宠坏的孩子"

我曾经和一群教师一起工作，他们都曾为一个叫艾迪生的孩子而感到烦恼。这个孩子被贴上了"被宠坏"的标签，她的母亲汉娜对她百依百顺，只要是她想要买的玩具，汉娜就一定给她买。虽然我不赞同这种贴标签的方式，但我能理解教师们的苦恼，因为艾迪生在课堂上只要一不顺心，就会发脾气。

几周后，在一次家访中，一名社工得知汉娜小时候曾被虐待过，她不想让艾迪生有悲惨的童年。当我们听到这个故事时，我们才明白为什么艾迪生会"被宠坏"。我们理解了汉娜的想法，开始更有效地支持这个家庭。我们给汉娜提供了一些表达爱与支持的方法，而不再仅仅局限于简单地满足艾迪生的要求。这些新方法帮助汉娜用更健康的方式向艾迪生表达爱，并教她如何适当地行事。反过来，这也帮助艾迪生改变了自己的行为。但家长是否应该向教育工作者透露如此私人的事情还值得商榷和讨论。

### 案例分析2：有时你只能放手

在一次研讨会上，一位名叫玛丽安娜的教师向我提出了疑惑，因为她的一个学生的母亲在家里没有制定任何规矩，所以这个学生很难遵守课堂纪律。玛丽安娜想知道如何建议这位母亲制定一些家规。我提醒玛丽安娜，她的责任不是告诉这位母亲该做什么，而是看看这位母亲是否有能力尝试新想法。有时家长还没有准备好接受建议，尤其是当他们感到不堪重负的时候。在这些情况下，教育工作者能做的就是放下他们无法控制的事情，专注于他们能做的事情。

### 练习2：从挑战到希望

1. 拿出练习1的那张纸，开始填写表格。
2. 在第三栏中，将第二栏中填写的内容改为有助于你与家长合作的积极想法。这和你在"超越它"表格中所做的类似。但不同的是，现在你需要考虑的是所有家庭，而不是某个特定的家庭。

下面是一些例子。

★ "你为什么说我是骗子？"
　→ "我想知道怎样才能在我们之间建立信任。"
★ "这家人都疯了吧！"
　→ "这家人一定过得很艰难。"
★ "这位家长拒绝承认现实。"
　→ "我的任务不是让家长不再拒绝，而是在他们经历困境的时候为他们提供必要的支持和帮助。"

## 一些常被误解的家长行为

在我自己有孩子之前，我经常对家长的某些行为感到沮丧。对我而言，这些行为往好了说是粗心大意，往坏了说就是粗鲁无礼。难道这些人不在乎自己的孩子吗？还是他们想跟我作对？然而，正如我自己为人母的经历所表明的，家长的挑战性行为往往另有缘由，这与冷漠或恶意无关。

## 迟到

当我还是一名教师时,我经常提醒家长在上午9点之前把孩子送到学校。否则,我就不得不暂停集体活动,去迎接迟到的孩子及其家长,为迟到的孩子准备早餐,并把他们带到教室里。这些状况都让我沮丧,为什么这些家长连准时送孩子上学这样简单的事都做不好呢?

后来,我有了自己的孩子。

准确地说,我和我丈夫雷金纳德有四个孩子。1995年,当我们的第一个孩子出生时,我以为我会把养育孩子的事情处理得井井有条。因为我有多年的教师经验,有教育和儿童发展的学位,且专攻婴幼儿教育研究。到了1998年,雷金纳德和我有了三个不到5岁的孩子,以至于我都不记得1995年到2002年发生的事情,雷金纳德和我把这段时间叫作"失去的岁月"。旁人总会问我们这样的问题:"你不记得那部电影了吗?""你还记得那个电视节目吗?"我们反复说不记得了。如果这些影视作品没有在公共电视上播出,那么我们就真的错过了。我对这段时间的记忆是模糊的,只依稀记得那时充满了哭泣、鼻涕泡和孩子们的尖叫声。他们嚷嚷着:"我要蓝杯子,不要红杯子!"哦,还有一直生病的孩子。这就是我的记忆里有关这段时间的全部信息。事实上,卡丽·拜因顿(Carrie Byington)和她同事的一项研究表明:有四个孩子的家庭,一年中58%的时间里至少会有一名家庭成员感染病毒。(我要告诉我所有的同事这个统计数据,因为当我说我的孩子生病时,他们都认为我在撒谎。)

然而,反复生病只是问题的一部分,持续的睡眠不足,再加上每天早上还要费力地给孩子们刷牙、穿衣等,使雷金纳德和我疲惫不堪。每天的例行公事真的让人望而生畏,有时我甚至认为我们家再也不会准时做任何事情了。但出乎意料的是,随着孩子们语言、精细动作、社交和情感能力的发展,混乱的清晨终于变得宁静了。如今,我们的四个孩子非常守时。

在为人母之前,我没有意识到对于一个年轻的家庭而言,每天早上准时出门有多么困难。现在我才知道，一个家庭可能需要数年的时间才能建立起生活规律、管教策略和人际关系。因为孩子们不仅在发展他们的免疫系统，还在学习运动技能、掌握时间概念、学会从别人的角度看问题等，这些都会拖慢晨间作息。因此，现在我会帮助教育工作者和家长们认识到：幼儿的行为往往是年龄和发展水平的反映，而不是家长育儿能力的反映，也不是孩子成年后行为的反映。我欣赏那些在一天中的任何时候送孩子上学的家长们。

## 被忽视的简报和作品

作为一名教师，当我看到自己珍视的简报被压在孩子们的书包底部，或艺术作品被破坏得面目全非时，我常常感到很受侮辱。我为这些东西付出了这么多心血，艺术作品也是孩子们辛辛苦苦做出来的！为什么他们的家人就不能好好爱护这些重要的物品呢？

后来，我成了一名家长。

我们家有四个孩子，我们常常沉浸在"白色文件"的海洋里。雷金纳德和我经常被各种许可单、宣传页、便条压得喘不过气来。有些文件的颜色很鲜艳，我起初以为这可能表示上面有什么重要信息：粉色代表生病通知？绿色代表欠款通知？这一切都太疯狂了。你知道四个孩子一周能积累多少艺术作品吗？我们的家里只能放下有限的牙签-棉花糖作品①，一些东西必须被扔掉。结果，许多艺术作品被压扁在书包底部（在放学回家的路上保存它们并不是最重要的），无数未阅读的简报被扔进了垃圾桶。

这些经历告诉我，忽视宣传页和破坏艺术作品通常表明家长缺乏时间和空间，而不是缺乏对孩子的关心。为了确保任何重要的信息都能及时传达给家长，我往往会口头告知家长，并将重要的信息张贴在白板上，还会在孩子们的柜子

---

① 在美国，家长为了让孩子更快捷地掌握结构力学，便想出了一种解决办法，即利用牙签和棉花糖的拼接，使点成线，使线成面，最后搭建出微型建筑。——译者注

上贴些小提示。至于艺术作品，我不再耿耿于怀。

## 急什么？

在我还是一名教师的时候，大家还没有手机，但即使在那个年代，家长们似乎也是匆匆忙忙地送孩子，又匆匆忙忙地离开。真没礼貌！就算他们不得不赶着去上班，难道他们就不能打个招呼或者问问孩子们在课堂上表现得怎么样吗？我无法理解。

直到我有了孩子。

孩子们到了上学的年龄，每天通常都是我送他们去上学。有一天，我丈夫不得不送他们上学。那天晚些时候，我问他送孩子的情况如何。他说："挺好的。"因为我不想错过孩子们生活中的任何细节，所以催促他分享一些具体的事宜。后来我才发现，根本没有后续。他把孩子扔下，没跟老师说一句话就飞快地跑了出去！

我震惊地问道："你为什么要这么做？"

雷金纳德回答说："坐在那些小椅子和小桌子旁，我真的感到很不舒服。而且坦率地说，我小时候和老师相处得并不好，所以我在他们面前很尴尬，我恨不得早点离开，越快越好！"

听到这些我惊呆了。但仔细想想，我发现事情开始变得合理了。雷金纳德身高1.95米，所以对于那些我觉得很舒服的小家具，他一定觉得很不舒服。我是一名教师，所以在和孩子们的教师交谈时我总感到很亲切。但考虑到雷金纳德过去的经历，难怪他对这种谈话不感兴趣。

我从未想过，家长们匆匆离去可能与无礼或我完全无关，反而与他们的舒适感和个人经历密切相关。听了雷金纳德的故事后，我开始意识到教室里的设施设备可能在告诉大家："这是一个只适合小孩子的地方。"如果我们想让家长留下来和我们进行深入交流，就必须为他们提供一个更有吸引力的空间。我建议在每间教室里都摆放一把供家长坐的成人椅子。在我的教室里，我还在家长签到表附近放置了一个篮子，里面装着有用的信息单，如当地餐馆的外卖菜单、优惠券和火车时刻表等。我发现，当家长有事要留下来时，他们会在教室里待得更久，并积极地与我交流。

## 沟通

虽然我们常常认为自己知道家长在想些什么（例如"他们只是不想承认而已"等），但如果不沟通，我们无法真正了解任何人的内心想法。有效的沟通旨在帮助双方相互联系、相互理解（而不是相互控制）。从一开始就与家长定期沟通并建立牢固的关系非常重要。即使在儿童出现挑战性行为之前你还没有和家长建立这种联系，你也可以针对孩子的挑战性行为与家长成功地交流。如果你能寻求同事的支持、设身处地地为家长着想、思考他们的优势并努力了解他们的需求，那么你就会走上有意义的对话之路。

### 普适性建议

#### 肯定家长的优势

你可能听说过以"优势"开始谈话的技巧。如果你一开始和家长交流时就提到孩子的优势，实际上你已经在使用这个策略了。这好极了！但你有没有考虑过从观察家长的优势开始谈话呢？这个技巧可以帮助你与家长在交流初期就建立信任的关系。例如，你可以说"我注意到莎妮斯每天都来上学，这说明您一定很重视教育"。

#### 先问再说

在评析孩子的行为之前，你需要问一些问题。在问题中透露某些信息，这样家长就不会觉得你只是在对他们说教。

- 以一个问题展开对话。例如，你可以问"您对分离焦虑了解多少？"或"您最近注意到鲍比在家里有什么表现吗？"。

- 在倾听时，不要判断家长言语的是非对错。轮到你说话时，把重点放在客观的、基于事实的陈述上。例如，不要说"鲍比很黏人，整天都很伤心"，而要具体说明你看到他做了什么，听到他说了什么，例如"我注意到鲍比今天尖叫了好几次，而且紧紧地跟在老师身边"。
- 以一个可以保持对话的开放式问题结束："对于我今天分享给您的信息，您有什么想法吗？"

**避免主动提供建议**

在提建议之前，先问问家长是否想听听你的建议："您需要关于这方面的建议吗？我有一些。"这样，家长就会觉得他们在这件事上有选择权，而你也不会把信息强加给那些还没准备好的人。如果家长不确定他们需要什么，那么你可以给他们提供一些选择："您现在需要什么呢？建议、提问，还是拥抱？"以下是你可以提供的建议示例。

- 儿科医生或语言治疗师等其他专业人士的建议
- 其他遇到同样问题的家庭提供的建议
- 提供有关信息处理时间的建议，并在后期跟进
- 向有相同问题的人推荐支持小组
- 倾听

**沟通难题**

尽管你努力与家长保持良好的关系，但你和他们的看法并不总是一致的。当你发现自己和家长的关系紧张时，请使用以下问题和建议帮助自己，以保持你们之间沟通顺畅。

- **你自己是如何看待这个冲突的？** 你相信什么？你为什么相信？你的想法基于对儿童和家庭的研究吗？你的想法是事实还是自己的观点？

- **家长的观点是什么？** 你是否正确理解了家长的观点？这些观点的背景是什么（过去的经历、文化、气质、历史因素等）？你是否接受了——尽管不一定同意——所有的观点？如前所述，问一些开放式问题（如"齐恩的睡眠状况是怎样的呢？""您知道哪些促进孩子适应新环境的方法？"或"当您每天送埃丽卡时，您希望看到什么？"）来确保你理解家长的观点。当家长解释自己的观点时，请你积极倾听，不要妄断对错。

- **认可家长的理念**。除非孩子有危险，否则你没有责任告诉家长该做什么或该怎么想。要肯定家长的想法和愿望："我明白为什么这对您很重要。"即使家长的行为毫无依据，你也要考虑他的意图：他是真的想帮助孩子吗？

- **寻找共同点**。例如，我和家长可能会在打孩子这件事上存在分歧，但归根结底我们都希望孩子有一定的纪律意识。即使有时我们的意见并不一致，我们也能找到共同点：爱孩子，希望孩子未来成为一个适应力强的成人。

- **有效地对待孩子意味着有效地对待成人**。对孩子而言，看到他所关心的成人经常争吵，往往不利于其健康发展。有效的教育包括教师与家长共同决策。

- **家长的行为不一定与他们的价值观相符**。我可能重视饮食健康，但仍然会吃比萨和甜甜圈。家长可能不参与幼儿园的教育工作，但仍重视自己孩子的教育。

在某些情况下，家长拒绝承认孩子存在的问题，甚至试图将其归咎于你。当一个家长坚持说"嗯，他在家里不会这样"或"这不是我孩子的问题，是你们的问题"时，你可能会忍不住生气。别这样！是的，家长可以说得更友好一些。但我们要牢记，他的情绪控制水平可能与你并不相同。他可能觉得有必要为自己的孩子辩护，以抵制那些看似不公的指控。但作为教育工作者，我们的职业素养要求我们以身作则、冷静行事。此外，你可以向家长解释，有多种原因会导致孩子在家和在外的表现不同。

一部分原因是，环境会影响孩子的行为，而家庭环境可能不像学校或幼儿园那样有诸多的要求、过渡环节或人员。例如，孩子在周一可能会有更多的挑战性行为，并抗拒回到高结构化的课堂环境中，这也许是因为周末他在家里比较随意，没有固定的时间安排。虽然你不能强迫孩子的家长制定一个周末时间安排表，但你可以调整自己的计划。与其陷入权力斗争，不如在周一减少对孩子的要求，并准备好一张婴儿床，以防他需要额外的睡眠。毕竟，如果你自己都拒绝改变，又怎能寄希望于家长做出改变呢？

另一部分原因是，儿童的自我调节能力正在发展，因此他们可能经常表现出不一致的行为。埃琳娜·博德罗娃（Elena Bodrova）和德博拉·莱昂（Deborah Leong）明确指出，在幼儿掌握集中注意力、管理情绪和控制行为的能力之前，他们往往通过"他律"或成人的帮助来进行行为的自我调节和控制。因此，孩子们的行为可能会因与其在一起的成人以及成人对其新技能提供的支持程度不同而大不相同。你和你的同事对孩子的期望以及与其互动的方式往往与家长不同，因此孩子在不同场景中的表现可能存在差异。也许孩子的家长在家里使用的策略同样适用于你的学校或早期教育中心。

简而言之，如果家长声称孩子并没有在家里做出某个挑战性行为，请你先相信他。然后找出家庭环境与学校环境的不同之处，这会为你制订改善此类行为的计划提供借鉴。

即使你认为家长在否认事实，那也没关系。我们不都在否认某些事情吗？否认是一种正常的应对机制，我们往往用它来应对变化，但这并不意味着家长不关心自己的孩子。如果你确实认为家长为了挽回面子而撒谎，那就从侧面说明了你和他的关系。努力与家长建立信任的关系，这样你才能和他一起成为帮助孩子改善挑战性行为的合作伙伴。

## 为什么我为幼儿做的事情比家长做的还多？

有时候，似乎不管你做什么，家长都会拒绝帮助你解决孩子的挑战性行为问题。但我从未见过一个家长会这样想："我要赶快把这个孩子毁了！"请记住，每个人的行为背后都有复杂的原因，家长也不例外。一般来说，我认为家长都会尽力而为。以下是家长在处理孩子的挑战性行为时可能帮不上忙的常见原因。

- 如果家长在家里没有看到孩子有某种行为，那么他们可能会怀疑这种行为在其他环境中是否真实存在。
- 塞尔玛·弗雷伯格（Selma Fraiberg）的一项研究指出，家长经常以某种适得其反的方式与孩子互动，因为他们往往在无意识地复演自己的童年创伤。请记住：过去常常以某种方式影响着现在。
- 家长可能重视教育或纪律，但很难按这些价值观行事。

现在让我们来看看家长缺少支持的更复杂的一些原因。

## 对行为是否有问题存在分歧

在某些情况下，家长认为没有必要解决你提出的孩子的挑战性行为问题。他们可能会有这样的理由："他只是个孩子""他会长大的"或"这不会伤害任何人"。这些态度可能会令你沮丧，但不至于打败你。你不需要家长从你的角度看待一切，你的目标是了解其需求，并在此基础上与其建立良好的关系。当你这样做时，他们会逐渐理解你，包括你想要解决他们孩子的问题行为的原因。

## 可能会遇到的困难

有时，家长会觉得他们对孩子的挑战性行为无能为力。例如，我曾经合作过的一些家长，在家庭生活中没有话语权和决策权。他们可能想尝试新的策略或方法，但总会遭到配偶或家庭中其他成人的反对。另外，家长可能会觉得自己太忙或不堪重负，无法处理孩子的这种行为，或者认为这种行为无法改变。

**不理解问题**

家长的支持不足往往表明他们对情况不甚了解。也许某个家长因为不了解孩子发展的典型特征与行为，所以就认识不到问题的存在。另外，考虑一下你对挑战性行为的解释是否令人困惑。为了避免此类问题，你可以在描述行为时避免主观性（例如"糟糕的一天"或"美好的一天"等），尽量客观、具体地说明你看到孩子做了什么或听到他说了什么。

为帮助所有家长（包括那些没有挑战性行为的孩子的家长），你可以在教室里或公告栏上展示有关儿童社会情感发展的信息，以及常见的应对策略。这种做法可以帮助家长了解孩子的身心发展规律，并在孩子出现问题时为家长提供可行的解决思路和办法。

**对新理念犹豫不决**

请记住，你已经对如何处理挑战性行为有了一定程度的了解。你知道社区里可提供相关服务的专业人员，你的工具箱里可能也已经有了应对策略。但很多信息（即使不是全部）对大部分家长来说是陌生的。

有时向家长介绍新理念或新服务，就像建议对相亲持怀疑态度的朋友相亲一样。

教师：我想让你们见一个人。

家长：谁？

教师：心理健康专家。

家长：什么？我们不需要心理健康专家！你是想说我的孩子有精神问题吗？

教师：这个人特别专业！他可以帮助您的孩子！他会提供力所能及的服务！

家长：听着，我不管他有多好！我谁也不找！我才不管他有什么服务！我的孩子根本没有问题！

教师：但您的方法对您和您的孩子都没用，这个人真的可以帮到您！

如果家长拒绝承认问题或不愿寻求解决策略，那么你就需要给予他们足够的时间。我可能是世界上唯一一个还保留着 AOL 账户①的人，因为那是我的第一个电子邮箱。有时家长会在多年后联系我并寻求支持，我遇到的最极端的情况就是，我收到一封来自家长的邮件，他们告诉我，在我第一次向他们提出建议的十年后，他们终于采取行动了。十年！无论过了多久，我都要让家长知道，我会一直在他们和他们孩子的身边。重点不是要让家长遵守我的时间表，而是在他们的人生旅途中，我能够为他们提供力所能及的帮助。无论这段旅程如何，我都会支持他们渡过难关。

毋庸置疑的是，如果孩子或家长需要相关策略或专业服务，我们不希望他们要到十年后才接受！我发现加快这一进程的最好方法是，让家长与那些成功使用过这些服务或策略的家庭建立联系。家长对他们从未听过的服务或策略保持谨慎的态度是十分必要和正常的。他们很可能会对教师建议的策略和服务有所顾虑，所以他们更希望听到有关策略或服务的过程性信息及已经尝试过这些策略或服务的人的反馈。通过帮助未使用过相关策略或服务的家庭与使用过的家庭建立联系，我们可以为其提供强有力的支持，鼓励他们继续改正孩子的挑战性行为。

## 当一个家庭支离破碎时

一旦我把对家长的不良情绪抛之脑后，我就会发现他们并不是袖手旁观，

---

① 英文全称为"America Online"，即美国在线，成立于 20 世纪 80 年代初，是彼时美国著名的网络公司，堪称全世界互联网公司的鼻祖，2015 年 AOL 被威瑞森（Verizon）无线公司收购并退市。——译者注

而是真的无法帮助我消除孩子们的挑战性行为。如果可以，他们就会做出努力。但他们自己可能缺乏社交技能，或正在经历困境。坦率地说，最不能提供帮助的家长往往是最需要帮助的人。

### 案例分析3：危机中的家庭

我永远不会忘记自己的一次家访经历，我要去的是一个有4个6岁以下的孩子的家庭，他们家有一对10个月大的双胞胎，以及一个3岁的孩子和一个5岁的孩子。这家人住在一个可爱的房子里。然而，当我和孩子的母亲（我叫她尼娅）走进客厅时，我看到食物、衣服、尿布和玩具散落一地。几分钟后，当我和尼娅交谈时，我惊讶地发现一块沾满糖浆的华夫饼从桌子上滑了下来。我想："在这种情况下，我该怎么做？是去抓华夫饼，还是假装没看见这一片狼藉？"最后，我尽力不看华夫饼，但整个交谈过程令我尴尬不安。

几周后，当我再次登门拜访时，我注意到尼娅不仅要打开门锁，还要将门后的一把大椅子推开才能让我进去。她5岁的孩子告诉我，把椅子放在门后才能把爸爸挡在门外。那时，我认为必须和尼娅谈谈了。

当然，我在想："我该怎样和尼娅谈论这个敏感的话题呢？"为了寻找思路，我回忆了自己陷入危机的那段时光。我需要什么来平息自己的恐惧并鼓励自己寻求帮助呢？我咨询了我的同事，设身处地地为尼娅着想，思考她的个人优势，并询问她的需求。总之，这些策略帮助我与尼娅进行了一次有意义的对话，她最终向社会工作和心理健康服务机构寻求了帮助。

### 重要提示

金杰·韦尔奇（Ginger Welch）、劳拉·威廉（Laura Wilhelm）和希瑟·约翰逊（Heather Johnson）在其合著的《被忽视的孩子：如何识别、应对和预防》(*The Neglected Child: How to Recognize, Respond, and Prevent*)一书中明确指出，教育工作者和儿童照护服务提供者在法律上有义务报告儿童的被忽视和被虐待行为，即使他们只是怀疑这种行为正在发生。该书为应对此类情况的教师提供了丰富的指导和资源。

## 小 结

请记住，你的目的是为儿童及其家长提供支持。你不需要评价或认同家长的选择。与家长建立良好关系的目的不是控制家长，或仅仅向他们提供信息，而是了解其观点，为其提供适宜的支持与帮助。

既然我们已经处理好了对家长的情绪，接下来的旅程就是探索适宜性行为与挑战性行为的差别。一如既往，我们先从对自己的评估开始。

# 第五章 1—6岁儿童的发展适宜性[①]行为

有时候,问题的根源可能并不在于孩子表现出了挑战性行为,而是成人对孩子在特定年龄阶段的典型行为(也称为发展适宜性行为)的理解和认识存在偏差。因此,本章将详细介绍1—6岁儿童发展适宜性行为的具体内容,以及如何将行为理解为一种沟通方式,以帮助你更好地面对现实。

## 你对发展适宜性行为了解多少?

对儿童的能力存在误解很常见,甚至在教师和照护者中也是如此。可以通过以下自我测试评估你对儿童真正能做什么和不能做什么的了解程度。

### 练习:测试你对发展适宜性行为的认识

将每个问题的答案写在一张纸上。如果你认为陈述正确,请回答"对";如果你认为陈述错误,请回答"错"。【注意】所有年龄均为近似值。

- ❖ 大多数孩子在2岁时就完全掌握了分享的能力。(对/错)
- ❖ 在3—4岁时,大多数孩子能够忍受在熟悉的环境中与家人分开。(对/错)
- ❖ 到2岁时,大多数孩子会忍住不做照护者不让做的事情。(对/错)
- ❖ 到8岁时,大多数孩子能够在冲突中看到多样化的观点。(对/错)

---

[①] "发展适宜性"概念由全美幼教协会提出,发展适宜性教育理念强调尊重儿童自身的发展规律,对其进行适宜性教育,使儿童在不断进行适宜性实践和完成具有挑战性的任务中发展、成长。——译者注

- 到 3 岁时，大多数孩子能够解决自己的社交问题。（对/错）
- 到 5 岁时，大多数孩子能够理解并遵从 5~6 步的指令。（对/错）
- 在 3—4 岁时，大多数孩子能够使用包含 3~4 个词语的句子。（对/错）

## 分析你的结果

以下是正确答案。

- 错。根据 0—3 岁婴幼儿教育协会①和贝索斯家族基金会②的报告《倾听：让家长说出所想、所知和所需》（*Tuning In: Parents of Young Children Speak Up about What They Think, Know, and Need*），幼儿在 3—4 岁时开始发展分享的能力。
- 对。根据西澳大利亚州政府卫生部的说法，的确如此。
- 错。0—3 岁婴幼儿教育协会和贝索斯家族基金会表明，幼儿在 3.5—4 岁开始学会忍住不做被禁止的事情。
- 对。根据 PBS 家长③的"社会情感发展"节目，确实如此。
- 错。美国儿科学会的《学前儿童社会性发展》（*Social Development in Preschoolers*）指出，幼儿在 3—4 岁时才开始发展解决社会性问题的能

---

① 英文为"Zero to Three"，一个关注 0—3 岁婴幼儿保育和教育的非营利性社会组织。——译者注
② 英文为"Bezos Family Foundation"，该基金会成立于 2000 年，主要为教育科学项目提供资金。——译者注
③ 英文为"PBS Parents"，美国公共广播公司（Public Broadcasting Service，PBS）旗下一个针对家长和家庭的教育节目品牌，旨在为家长提供有关儿童教育和家庭教育的信息和资源，帮助家长更好地指导和支持孩子的学习和发展。PBS 家长通过电视节目、网站、博客、社交媒体等渠道提供各种教育主题的内容，包括早期教育、家庭教育、学校教育等。——译者注

力，且经常需要成人的帮助和支持。
- ❖ 错。根据美国约翰斯·霍普金斯大学医学院的说法，5 岁幼儿能够遵从 3 步的指令（而不是 5~6 步）。
- ❖ 对。根据澳大利亚有关养育儿童的资料，的确如此。

你的测试结果怎么样？你有没有感到惊讶？你对自己目前关于儿童发展适宜性行为的知识水平满意吗？

## 明确了解孩子能做什么

接下来，我们将探讨对于 1—6 岁儿童的合理与不合理的期望。在此之前，有几个关键点需要牢记。

- 儿童的发展如同动作片情节一般，会经历可预测的阶段。但儿童是复杂而独特的，有些发展领域比其他领域更容易被观察和理解。
- 儿童在各个方面的发展并非都遵循同样的速度。例如，一个孩子的认知发展可能超出同龄人的平均水平，但其社会情感发展可能滞后。即使是天赋禀异的孩子，也不可能在各个方面都出色。
- 同样，有特殊需要或曾遭受创伤的儿童（详见第六章）并非在所有能力的发展上都会落后。这些孩子在某些方面的发展水平可能低于其生理年龄的平均发展水平。例如，一个生理年龄为 4 岁的孩子，其认知发展水平可能仅相当于 2 岁儿童。经历过创伤的孩子可能非常善于调整自己的行为以适应不同的环境。因此，教育工作者和治疗师需要进行大量的细致观察，才能深入了解这些孩子真正具备的知识和技能。

**案例分析：告诉老师孩子的技能处于发展中**

在我儿子上小学的时候，有一次，雷金纳德和我与丹尼尔的几位老师进行了一次会面。丹尼尔在学校里一直不怎么听从指令，老师问我他在家里是否也这样，我给出了否定的回答。一位老师看着我，眼中流露出同情，她轻轻地把手放在我的手上，微笑着说："他当然不会。"然后，她向其他老师眨了眨眼，同时在笔记本上写下了"拒绝接受（事实）的妈妈"。

我不得不向老师们解释，丹尼尔遵从指令的能力仍在形成过程中，家庭环境的支持能帮助他掌握这项能力。他在小型群体中遵从指令的情况更好，而家庭自然是比班级更小的群体。此外，当我给丹尼尔下达指令时，我总是弯下腰，以确保他和我有眼神交流；同时我还会要求他重复我的指令，保证他能够完全理解。

## 1—6 岁儿童的发展适宜性行为

我们经常通过学龄儿童的视角而不是学龄前儿童的视角来看待孩子们的行为。以下是一份 1—6 岁儿童的适龄行为清单，由健康儿童（HealthyChildren）[①]（受美国儿科学会支持）、疾病预防控制中心，以及 PBS 家长的集体智慧凝结而成。这份清单可以帮助你推测孩子在特定情况下的行为，从而制订相应的计划。不过，只有深入了解你所照护的孩子以及他们所处的发展阶段，这份清单才能真正发挥作用。在阅读时谨记，影响每个孩子发展的因素有所不同，具体包括能力、生活压力或受到的创伤、家庭环境以及气质等方面。

### 1 岁儿童

**认知发展**

- 能够找到被藏起来的物品
- 玩玩具 2~3 分钟
- 会模仿熟悉的手势或姿势

---

① 是美国儿科学会旗下专门用来交流儿童营养健康问题的一个网站。——译者注

**语言发展**

- 咿呀学语
- 使用单词句，比如"妈妈"
- 回应简单的要求

朱利亚·欧文（Julia Irwin）及其团队的一项研究聚焦于学步儿"说话晚"现象对其社交技能的影响。研究结果显示，说话晚的学步儿的社交参与度和顺从性较低，而且他们往往更为内向。该研究表明，学步儿语言技能的习得会影响其社交技能的习得，同时揭示了不同发展领域如何相互依存、相互影响。

**身体发展**

- 独立行走
- 手抓蜡笔
- 拍手

从事学步儿照护工作的教师可能会注意到，一旦孩子开始独立行动，他们根本就停不下来。你是否也曾想过育儿室里的每个孩子可能都患有注意缺陷障碍（也称多动症）？大家可能会有这种感觉。但根据《精神障碍诊断与统计手册（第五版）》(*Diagnostic and Statistical Manual of Mental Disorders*, fifth edition)，像多动症这样的临床术语是用来描述学龄儿童或成人的，它并不适用于学步儿。所以请放心，学步儿表现出活力满满的样子是正常的，这是因为他们在练习新获得的运动技能。

学步儿期不仅是运动发展的关键时期，也是为良好的神经发育奠定基础的重要时期。神经生理学家卡拉·汉纳福德（Carla Hannaford）在《智能运作：为什么学习不只存在于大脑中》(*Smart Moves: Why Learning Is Not All in Your Head*)一书中明确指出："身体运动，始于婴儿期……在神经细胞网络的形成中起着重要作用，而神经细胞网络实际上是学习的本质。"所以，下次当你的计步器显示你在育儿室走了 8000 米时，记住尽管这对你来说可能很累，但对孩子们来说是很正常的。

**社会情感发展**
- 意识到自我与他人的区别
- 在其他孩子附近玩耍
- 对他人的情绪做出反应
- 喜欢在照护者的视线和声音范围内活动

婴儿和学步儿往往通过几种简单的沟通方式——移动、使用面部表情、发出声音（如咕咕声或尖叫声）以及哭泣，来表达自己的需求。随着儿童的发展，他们会逐渐从哭泣过渡到使用语言来进行沟通。

诚然，每个婴儿都会哭，但是正常的哭泣时长大约是多少呢？为了寻找这个问题的答案，迪特尔·沃尔克（Dieter Wolke）、艾顿·比尔金（Ayten Bilgin）和穆萨纳·萨马拉（Muthanna Samara）对世界各地 12 周以下的婴儿进行了分析研究。尽管每个婴儿存在差异，但研究结果显示他们的日均累计哭闹时长存在一定的一致性，即一般为 48~170 分钟。而 10—12 周大的婴儿日均累计哭闹时长大约为 68 分钟。

马拉·拉奥（Malla Rao）及其团队成员来自挪威和瑞典国家卫生研究所，为了更深入地探究上述现象，他们研究了哭泣是否会对儿童发展产生不良的影响。结果表明，如果婴儿持续哭泣的时间超过三个月，随着婴儿年龄的增长，其精细动作技能和智力的发展水平可能相对较低。里卡多·哈尔彭（Ricardo Halpern）和雷纳塔·科埃略（Renato Coelho）的研究也指出，婴儿期的过度哭泣与后期的多动症和学习困难有关。换言之，过度哭泣可能是更严重问题的征兆。

在其他研究中，学者辛西娅·斯蒂夫特（Cynthia Stifter）和特雷西·斯平拉德（Tracy Spinrad）得出结论，过度哭泣会导致婴儿缺乏控制。此外，简·布雷齐（Jane Brazy）、斯蒂芬·巴特勒（Stephen Butler）、马克·萨斯金德（Mark Suskind）、索尔·尚伯格（Saul Schanberg）、克里斯托弗·科（Christopher Coe）、辛西娅·库恩（Cynthia Kuhn），以及埃伦·肖尔（Allan Schore）等人的研究均表明，"哭出来"会使血压升高，降低大脑的氧合指数，抑制生长激素，削弱免疫系统，破坏神经连接。著名的创伤学者布鲁斯·佩里（Bruce Perry）（得克萨斯州休斯敦市儿童创伤学会的高级研究员）在《在恐惧中孵化："暴力循环"中的神经发育因素》（*Incubated in Terror: Neurodevelopmental Factors in the "Cycle of Violence"*）一书中指出，发育中的大脑对压力非常敏感，过度哭泣可能会导致压力反应系统过度活跃。简言之，成人需要帮助幼儿以健康的方式学会自我平静。让幼儿"哭出来"弊大于利。

你可能会认为这个结论与你的长辈的观点似乎背道而驰。有这样的想法可以理解，因为目前我们对婴儿行为的理解还只是起步阶段。例如，根据菲利普·博费（Philip Boffey）和海伦·哈里森（Helen Harrison）在《纽约时报》（*The New York Times*）上发表的文章，直到20世纪80年代末，许多婴儿在接受癌症治疗、严重烧伤护理时，不得不在没有止痛或麻醉的情况下进行手术，因为当时医学界普遍认为婴儿不会感觉到疼痛。之后，医生坎瓦吉特·阿南德（Kanwaljeet Anand）和保罗·希基（Paul Hickey）的新研究表明，不使用止痛或麻醉药物反而会使婴儿面临更大的压力、困难和死亡的风险——这一发现促使医疗实践发生了变化。

这项研究只是众多案例中的一个。这提醒我们：无论在某个领域工作了多久，我们所能获得的知识依然永无止境。一旦我们认为自己对某件事了如指掌，就等于为自己的知识设置了上限。思想总是在不断发展的，而新研究和新技术的出现，如20世纪末的磁共振成像（Magnetic Resonance Imaging，MRI）和正电子发射断层扫描（Positron Emission Tomography，PET），改变了我们对人类行为和儿童发展的认知。因此，你的长辈的观点和实践基于他那个时代的信息，而我们现在拥有更丰富的知识，我们需要根据当前的信息来建构自己的观点和实践。

## 2 岁儿童

### 认知发展

- 参与想象游戏
- 操作因果关系玩具①，如玩偶盒②，并了解其如何运作
- 进行多选一活动，如从一堆玩具中选择一个交给成人

许多和 0—2 岁婴幼儿一起工作的教师在面对孩子的哭泣、依恋或发脾气时犹豫是否要做出"让步"，他们担心自己被孩子操控。然而，婴幼儿并不具备操控他人的能力，因为这需要高级的计划能力和从他人的角度看问题的能力——而这是该年龄段的婴幼儿尚未掌握的。虽然你可能感觉 2 岁的塔坎在试图摧毁你，但实际上，他并不知道自己的行为会对你的情感和课程计划产生什么影响，也不知道他的父亲什么时候该去工作。确实，你的观察并没有错。塔坎的确会为了吸引你的注意力而哭泣，尤其是当他还想玩时，他会像一根软面条一样瘫倒在地上耍赖。但他并没有利用你的同情心，也没有秘密计划让你做不成事。他的行为只是表明，他已经观察并记住了你对他的行为的反应——换句话说，他理解了因果关系。

你可能仍然心存怀疑，让我们再来看看其他相关研究。托马斯·萨登多尔夫（Thomas Suddendorf）、马克·尼尔森（Mark Nielsen）和丽贝卡·冯·格伦（Rebecca von Gehlen）对 3 岁和 4 岁的幼儿进行了实验，以了解幼儿是否具备规划未来的认知能力。结果显示，4 岁幼儿能够预见未来需要的物品，而更小的孩子没有表现出这一能力。另外，丹妮拉·克洛（Daniela Kloo）、约瑟夫·佩

---

① 英文名称为"cause-and-effect toys"，即因果关系玩具，当儿童对其进行操作时，玩具会有相应的反应或效果，从而让儿童理解因果关系。——译者注
② 英文名称为"jack-in-the-box"，即玩偶盒，一种打开盒子就会跳出一个奇异小人的玩具盒。——译者注

纳（Josef Perner）和托马斯·吉里策（Thomas Giritzer）所进行的研究进一步证实，推断他人的反应以及在社交场合中理解他人的观点、情绪和意图的能力——通常被称为"心智理论"——在学龄前阶段末期（即4—5岁）才开始显现。

**语言发展**
- 尝试交流
- 能说30~40个词语
- 会对简单的指令做出反应

童年早期是语言发展的关键时期。学步儿喜欢重复新奇的词语——不管词义是好的还是坏的。

心理学家蒂莫西·杰伊（Timothy Jay）在《我们为什么说脏话：言语的神经－心理－社会理论》（*Why We Curse: The Neuro-Pyscho-Social Theory of Speech*）一书中解释说，儿童在学习其他词语时，也会学习脏话，这是正常语言习得的一部分。事实上他还补充道，儿童一旦能说话就能够重复不雅的词汇。

然而，即使学步儿说脏话且所用的句子语法无误，他们实际上也并不知道自己在说什么。为了更好地理解这一概念，我们简要回顾一下瑞士心理学家让·皮亚杰（Jean Piaget）的理论，他的著作《儿童智力的起源》（*The Origins of Intelligence in Children*）提供了一个框架，用于解释儿童认知发展的不同阶段。

---

**皮亚杰的认知发展阶段**

◆ **感觉运动阶段（0—2岁）**：婴儿通过抓握、吮吸、倾听和观察等方式进行学习。他们发现自己的行为可以影响周围的世界。他们以自我为中心，只能从自己的角度看待问题。

- **前运算阶段（2—7岁）**：年龄稍大的儿童开始进行象征性思考，能用语言和图片来表征物体。他们的语言能力发展迅速。他们虽然仍以自我为中心，但开始尝试从他人的角度来看待问题。
- **具体运算阶段（7—11岁）**：该年龄段的儿童开始进行逻辑思考，但他们的理解往往是基于字面的。例如，当一个7岁的孩子听到有人说"raining cats and dogs（外面正下着倾盆大雨）"时，他可能会跑到窗前，期待看到从天上掉下贵宾犬和俄罗斯蓝猫之类的动物。该年龄段的儿童开始能够从他人的角度看待问题。
- **形式运算阶段（12岁及以上）**：青少年和成人可以进行抽象逻辑思考，从不同的角度看问题，并通过假设进行推理。

正如该框架所示，一个2岁的学步儿会认为每个人看待问题的方式都和自己一样，因为他的观点采择能力尚处于萌芽阶段，所以他推断他人反应的能力有限。因此，即使他会说脏话，他也不能完全理解为什么这会冒犯他人。杰伊还指出，幼儿直到4岁左右才会开始思考什么是好的，什么是坏的。因此，如果学步儿看到成人生气时说脏话，那么他们可能会模仿这种行为，不是因为他们想冒犯他人，而是因为他们知道，人们生气时就会说脏话。

这就是对儿童使用的言语做出适当反应的重要原因。语言探索是正常现象，所有儿童都倾向于使用能够得到最多关注的词语。在教育实践中，我注意到对于有特殊需要的儿童来说更是如此。他们的思维过程类似这样："如果我只能说几句话，我就要用那些保证会引起他人注意的词语。"当孩子说脏话时，深呼吸，尽量不要反应过度。与其将这种情况视为一个需要解决的问题，不如利用这个机会教会孩子用正确的词语来表达情绪。

### 身体发展

- 踢球
- 双脚跳跃
- 把小物件放进一个小容器中

### 社会情感发展

- 表现出各种各样的情绪
- 表达爱意
- 情绪变化较快

任何一个教 2 岁学步儿的教师都可以证明,打人、推搡和踢人等行为在这个年龄段是极为常见的。特伦布莱及其团队在《加拿大儿童在接近青春期时是否会变得更具攻击性?》一文中指出,婴儿末期出现的身体攻击性行为符合发展规律。因此,在成长过程中,儿童表现出一定程度的攻击性是可以理解的。儿童正在逐步形成与良好的行为相关的社会情感、认知、身体和语言技能。作为教育工作者和家长,我们既要给孩子足够的探索空间,也要教他们适宜的行为方式。

## 3 岁儿童

### 认知发展

- 使机械玩具运作起来
- 将手中物体与书中图片相匹配
- 参与想象游戏
- 按形状和颜色分类
- 拼 3~4 块拼图

- 理解数字 2 的概念
- 用铅笔或蜡笔画一个圆
- 每次翻一页书
- 搭建超过 6 块积木的塔楼
- 拧紧和拧开瓶盖，或者转动门把手

你尝试过和 3 岁的孩子玩捉迷藏吗？想象一下这个场景。也许你会想笑，因为通常你必须假装看不见孩子。这个年龄的孩子不是很擅长捉迷藏，因为他们还在发展从别人的角度看待世界的能力。约瑟夫·佩纳（Josef Perner）、苏珊·李卡姆（Susan Leekam）和海因茨·威默（Heinz Wimmer）的研究表明，3 岁及以下儿童的换位思考能力发展有限。此外，卡罗尔·韦斯特比（Carol Westby）和李·鲁滨逊（Lee Robinson），以及吉尔·德维利尔斯（Jill de Villiers）和彼得·德维利尔斯（Peter de Villiers）的研究也指出，儿童在 18 个月左右开始意识到他人与自己的情绪和喜恶可能会有所不同。但只有年龄稍大的幼儿才能理解，两个人对同一件事的看法可能确实存在差异。直到小学阶段，儿童才开始发展出推断他人反应的能力，并开始预测他人的想法与感觉。

### 语言发展
- 理解"相同"和"不同"
- 掌握一些基本的语法规则
- 按照指令，可以做 2~3 个步骤
- 能给熟悉的物体命名
- 理解上、下、里面等方位词
- 说出自己的名字、年龄和性别
- 说出同伴的名字
- 说出"我""你""我们"等人称代词和一些名词的复数形式
- 表达清晰，能让陌生人听懂大部分内容

- 用 2~3 个句子进行对话

你也许有过这样的经历：在课堂上，你一遍又一遍地重复指令，但孩子们似乎充耳不闻，没有按照你的要求去做。针对这一现象，科罗拉多大学博尔德分校的克里斯托弗·查塔姆（Christopher Chatham）、迈克尔·弗兰克（Michael Frank）和尤克·穆娜卡塔（Yuko Munakata）进行了一项研究，研究了为什么儿童常常不理解或不遵从指令。他们发现，与学龄儿童或成人相比，学龄前儿童遵从指令的能力相对较弱。实验研究显示，当学龄前儿童接收指令时，他们会放慢速度并付出精神上的努力。这表明，学龄前儿童正在逐步发展记忆已发生的事情、制订计划和推断下一步做什么的能力。因此，教室里的学龄前儿童可能听到了指令，但他们无法像年龄较大的儿童或成人那样快速、轻松地执行这些指令。

作为一名教师，当孩子们不听从我的指令时，我常常会感到受挫。我会想："你们怎么表现得好像对此很陌生似的？明明昨天才做过啊！"但对只有 3 岁的孩子来说，每一天都是新的开始。幼儿储存信息的方式与年龄较大的儿童和成人不同，幼儿反应相对较慢，他们需要更多的时间来处理指令。我们与其认为孩子们只是不听话，不如给他们更多的时间来处理信息，并发展其理解能力，支持其学会倾听（在第七章中，我们将进一步讨论这个话题）。

**身体发展**
- 善于攀爬
- 轻松奔跑
- 骑三轮车
- 一步一个台阶地上下楼梯

朱克曼在研究中探讨了预防和管理课堂纪律问题的策略，她认为"以新颖、动脑或动手为特征的活动"能够降低课堂中出现挑战性行为的频率。大脑的结构证实了这些发现，罗伯特·西尔维斯特（Robert Sylwester）在《如何解释大脑》（*How to Explain a Brain*）一书中指出，小脑作为大脑中与运动和平衡紧密相关的部分，集中了大脑一半的神经元，对学习过程起着至关重要的作用。

许多教育工作者不愿将运动融入他们的教学实践中，因为他们对学习的印象还停留在"孩子们坐在课桌前，盯着黑板，在作业纸上奋笔疾书"。然而，现有的技术能够帮助我们观察到大脑如何运作。显然，人们生来就倾向于通过互动和参与来学习。

### 社会情感和自我调节能力的发展

- 模仿成人和同伴
- 在没有提示的情况下对同伴表达感情
- 轮流玩游戏
- 关心哭泣的同伴
- 理解自己和他人的想法
- 表现出各类情绪
- 易于与父母或照护者分离
- 会对日常生活中的重大变化感到不安
- 自己穿脱衣服

特伦布莱的《从儿童到成人的身体攻击性行为发展》（*Development of Physical Aggression from Early Childhood to Adulthood*）一文显示，身体攻击性行为在30—42个月大的幼儿中达到峰值，且男孩表现出更高的行为发生频率。如果你憧憬的是一个风平浪静的教室，里面全是温顺、自律的3岁孩子，那么你可能在不知不觉中受到电视或电影中经常呈现的理想化课堂的影响。在现实生活中，这个年龄阶段的孩子出现挑战性行为很常见（其中的某些行为可能频繁发生）。

## 4 岁儿童

### 认知发展

- 给某些颜色正确命名
- 了解计数的概念,知道部分数字
- 从单一角度解决问题
- 能画出有 2~4 个身体部位的人
- 有更清晰的时间观念
- 遵从由三部分组成的指令
- 开始摹写一些大写字母
- 回忆故事内容,推测后续情节
- 参与想象游戏

4 岁幼儿的观点采择能力开始萌芽;直到 10—11 岁,该能力才会逐渐趋于完善。如果幼儿有语言发展障碍,这种观点采择能力可能会进一步滞后。学者桑德拉·克罗瑟(Sandra Crosser)指出,在通常情况下,幼儿到学龄期才能完全理解自己的话(如"你不是我的朋友""你不能参加我的聚会"这样的话)对他人的影响,并推断他人的反应。这实际上是儿童逐渐成熟的标志。当然,我们希望幼儿发展社会交往能力。在后续章节中,我们将进一步探讨如何帮助幼儿发展这些能力。

### 语言发展

- 知道一些基本的语法规则,例如正确使用"他"和"她"
- 唱一首歌或背诵一首诗,例如《一只小蜘蛛》(*The Itsy Bitsy Spider*)或《车轮转呀转》(*The Wheels on the Bus*)
- 讲故事
- 能说出自己的姓和名

身体攻击会自然过渡到言语攻击上。教师经常提醒幼儿"要使用你的语言",以阻止其打人或进行其他类型的身体攻击。尽管这句话的本意并非鼓励他们使用脏话或其他形式的言语攻击,但从严格意义上来说,当幼儿表现出这些行为时,他们实际上也是在使用自己的语言。这表明幼儿正在减少攻击性行为,采用更加适宜的方式与他人进行互动,并逐步使用其他方式来表达自己的情绪和情感。从本质上讲,他们是在通过说脏话来防止自己打人。接下来,我们需要进一步指导其使用正确的词语进行表达。

**身体发展**

- 单脚跳跃和站立 5 秒
- 上下楼梯时不用扶
- 向前踢球
- 向上抛球
- 大多数时候能接住反弹的球
- 向前和向后灵活地移动
- 能画有 2~4 个身体部位的人
- 会使用剪刀
- 画圆圈和正方形
- 开始摹写一些大写字母

该年龄阶段的幼儿仍需通过运动来学习。许多学者,如神经学家卡拉·汉纳福德(Carla Hannaford)、盖尔(Gail)和保罗·丹尼森(Paul Dennison)以及玛丽莉·斯普伦格(Marilee Sprenger),都描述了适当的运动如何增强幼儿的学习和记忆,加强其神经连接,并为大脑的发展奠定良好的基础。斯普伦格在《成为基于大脑教学的"天才"》(*Becoming a "Wiz" at Brain-Based Teaching*)一书中认为,运动应该成为每节课的一部分,因为它有助于营造相对轻松的课堂氛围。游戏为幼儿的学习和发展提供了至关重要的行动自由。

**社会情感和自我调节能力的发展**
- 对新奇的体验感兴趣
- 与其他幼儿合作
- 扮演"妈妈"或"爸爸"
- 在想象游戏中越来越有创造力
- 自己穿脱衣服
- 能协商解决冲突或矛盾
- 更加独立
- 将不熟悉的事物想象成"怪物"
- 将自己视为有身体、思想和情感的完整的人
- 经常无法区分幻想和现实

幼儿对现实的认识存在偏差。许多 4 岁的孩子仍然相信圣诞老人和仙女是真实存在的。所以，当你问布兰迪，她是否打了泰森（你刚刚看到她打了）时，你得到的回答可能是"没有"或"是蝙蝠侠干的"。她并不是在故意撒谎，有可能只是在想象，就像她在表演区把白色的大衬衫想象成医生的白大褂那样。根据维多利亚·塔瓦尔（Victoria Talwar）和康·李（Kang Lee）对"儿童说谎行为的社会认知影响因素"的研究结果，儿童有编造故事甚至说谎的能力，但他们对说谎行为的道德认知有限，对他人的想法以及谎言对他人可能产生的影响缺乏深入的理解。不过，随着儿童认知的发展，他们对这些概念的理解会逐渐完善。

## 5 岁儿童

**认知发展**
- 计数到 10 或更多
- 能画至少有 6 个身体部位的人
- 书写字母或数字

- 描画三角形和其他几何形状
- 了解日常使用的物品（如钱、食物等）

**语言发展**
- 表达非常清晰
- 能用完整的句子讲述简单的故事
- 使用将来时，如"奶奶将会来这里"
- 说出自己的姓名和家庭住址

在 L. R. 克诺斯特（L. R. Knost）所著的《穿越时间的低语：基于幼儿各年龄阶段的交流》（*Whispers through Time: Communication through the Ages and Stages of Early Childhood*）一书中，她将儿童的"抱怨"行为视为其发展进程中的重要"胜利"。在她看来，"抱怨"是幼儿为避免情绪崩溃而使用语言进行自我调节的一种方式。虽然"抱怨"可能会让人生气，但请你记住，这是一种比身体攻击更高级的能力，可以说是幼儿走向成熟的标志。

**身体发展**
- 单脚站立 10 秒或更长时间
- 单脚跳跃，甚至跳绳
- 翻跟头
- 使用叉子、勺子或餐刀等
- 自己如厕
- 荡秋千和攀爬

教育工作者往往把幼儿的运动等同为大肌肉运动。然而，对于这个年龄阶段的儿童来说，运动是其学习活动不可或缺的一部分。西尔维斯特在《教育领导》（*Educational Leadership*）期刊上发表了一篇文章，他认为"活动性是人之所以为人的本质属性——无论这种活动是生理层面的还是心理层面的。我们能够运动和交流，而树木不能。那些有误解的教师总是希望学生坐下并保持安静，这意味着他们更喜欢和一片树林打交道，而不是与一群学生互动"。这一论断告诉我们，传统静坐的学习方式并不适合幼儿。

曾经作为一名教师的我深知，在一个满是5岁孩子的教室里，如果活动组织不当，那么过多的运动往往会导致混乱，甚至发生危险。因此，我建议进行小规模的安静活动。这里列举了一些活动，仅供参考。

- 利用学习区让幼儿活跃起来并参与其中。组织幼儿分组轮换，从一个区域转移到另一个区域，每个区域都有不同的任务，让小组成员共同完成。
- 让幼儿在听到某个字母的发音时轻拍同伴的手。
- 当他们想回答问题时，可引导他们试着用单脚站立的方式，而不是直接举手。
- 让幼儿面对你站成一排，告诉他们你将给出一些论断。如果他们认为论断正确，就向前走一步；如果他们认为论断错误，就后退一步。
- 把沙包抛给想回答下一个问题的同伴。
- 玩喊数抱团游戏。在黑板上写一个数字（比如5），给每个幼儿分配一个数字，然后让他们尽可能安静地踮脚走路，去寻找身上的数字与自己的数字相加总和为5的同伴。

**社会情感和自我调节能力的发展**
- 想让同伴感到高兴
- 想跟同伴一样
- 遵循规则
- 喜欢唱歌、跳舞和表演
- 有性别意识
- 能够分辨事物是真实的还是虚构的

- 更加独立（例如，可以独自拜访邻居——不过仍需要成人的监护）
- 有时要求苛刻，有时乐于合作

如果你觉得自己整天被"你不是我的朋友"的言论和关于某个区域应有多少孩子的无休止争论烦扰，那么不必见怪，这是正常现象。幼儿在没有成人帮助的情况下，尚不具备和平解决冲突的能力。让幼儿学会和谐相处和解决冲突的最好办法是成人示范。在我工作过的许多幼教机构里，成人将解决问题作为一项任务——一项幼儿共同承担责任的任务。通过轮流担任"一日问题解决者"，幼儿可以逐渐掌握此项技能。

在5岁左右时，孩子们会进入学前班。这时，他们不仅要面对学业任务增加的问题，还要在没有成人帮助的情况下自己处理这些问题。这一新情况可能会导致师生冲突和所谓的不守规矩。但是，"不守规矩"这个表达本身就具有误导性，它暗示着幼儿能够完全控制自己的行为，并且故意不服从。而实际上，幼儿的自我调节能力仍在发展中。这些事实都表明，幼儿实际上不具备不服从的能力。如果他们没有按照成人的指令行事，成人就需要通过其他方式来引导他们。

## 6岁儿童

### 认知发展

- 心智能力发展迅速
- 能够数到200
- 从20开始倒数
- 理解奇数和偶数
- 在数轴上或用文字表示数字
- 使用复杂的策略解决加减法问题
- 通过数图形的边数来识别不同的图形

- 组合图形以创造新的图形
- 依据地图指示或方向指令移动
- 不断游走于幻想和现实之间

6岁标志着童年中期的开始。该年龄阶段的儿童能保持专注、设定目标、制订计划、从不同角度看问题、控制冲动等。然而，儿童培养与发展这些能力并非一蹴而就，仍然需要成人的支持。据神经心理学家莫琳·丹尼斯（Maureen Dennis）所述，这些能力是逐步形成的，直到个体的青春期末期才逐渐完善。

**语言发展**
- 学习更好的描述经历的方法
- 发音清晰
- 准确使用复杂的语法形式
- 语言技能变得越来越复杂
- 词汇量迅速增长
- 语言超越了交流，为独立阅读能力等方面的发展奠定基础

随着儿童的成长和发展，语言技能在社会情感领域发挥着越来越重要的作用。因此，有语言障碍的儿童更容易在社会情感方面遇到挑战。学者霍利·克雷格（Holly Craig）和朱莉·华盛顿（Julie Washington）发现，语言发展迟缓的儿童在与同龄伙伴交往和互动时往往面临着较大的困难。

**身体发展**
- 能沿不同的路径和方向奔跑
- 能够熟练操控自己的身体，做跳跃、翻滚及在手脚间传接物体等动作
- 协调性有所提升，抛接、踢和击打等动作技能仍在发展中

与年龄较小的幼儿一样，这个年龄段儿童的学习也可以通过运动得到加强。

事实上，运动可以促使大脑释放出有助于学习的化学物质。斯普伦格详细地解释了这些化学物质对提升学习者的注意力和记忆力所发挥的重要作用。

**社会情感和自我调节能力的发展**
- 谈论自己的想法和感受
- 对自己的关注减少，对他人的关注增加
- 在父母和其他家人面前表现出更多的独立性
- 开始思考未来
- 更多地了解自己在世界上所处的位置
- 更多地关注友谊和团队合作
- 希望被同伴喜欢和接受

在这个年龄阶段，幼儿开始进入发展的转折时期，逻辑思维逐渐占据主导地位。你终于可以组织他们玩音乐椅①或"鸭子，鸭子，鹅"②的游戏了，再也不会出现孩子们哭得一塌糊涂的情况了。6岁儿童开始理解自己的言行如何影响他人，但他们仍然可能难以应对欺凌和孤立等情况。虽然6岁儿童在社会情感及其表达方面日渐娴熟，但在解决社交冲突时，他们仍然需要成人的帮助和指导。

尽管在6岁时，儿童的奔跑能力或视觉能力已充分发展，但其自我调节能力还需进一步提升。在一项对900名8—22岁研究对象进行的调查中，格雷厄姆·鲍姆（Graham Baum）及其团队发现，诸如保持专注和做出正确的决策等能力会随着年龄的增长而逐步提高。重要的是，我们要认识到6岁儿童在这段旅程中所处的位置，在真正掌握这些技能之前，他们还有很长的路要走。

---

① 即抢椅子游戏，参与者在音乐播放时绕着一排椅子走，当音乐停止时，必须尽快找到椅子并坐下。每轮游戏中，都会减少一把椅子，最后一个坐下的人获胜。——译者注
② 该游戏的玩法类似于我国的丢手绢。游戏者围坐一圈，一名幼儿被选定为"goose（鹅）"，沿着外圈行走，轮流轻触每个幼儿的头并说"duck（鸭子）"，当点到某个幼儿并说"goose"时，被点到的幼儿就要立刻起身去追"goose"。——译者注

## 行为即沟通

我的同事吉利恩·麦克纳米（Gillian McNamee）将打人视为孩子的第一语言。我不确定这是否真的是他们的第一语言，但无疑它肯定介于哭泣和说话这两种表达方式之间。挑战性行为好比摩斯密码，只不过你要解释的不是一连串的点和线，而是一系列的打人和咬人的行为！这些行为虽然看似毫无逻辑，但实际上都蕴含着深意。有时其含义相对寻常（例如"我困了"或"我饿了"），有时则相当于一种求救信号。挑战性行为也为我们提供了线索，让我们了解幼儿知道什么以及他们需要学习什么。对于一个未经训练的观察者来说，这些信息就像摩斯密码一样难以破解，但只要通过练习（包括学会管理自己的行为），我们就可以发现并解读这些信息。

我的另一位同事，蒙台梭利幼儿园的帕梅拉·格林（Pamela Green），将"问题行为"（misbehavior）一词中的"问题"（mis-）理解为她在孩子身上所错过（miss）的东西，我认为这是由成人对幼儿能做什么与不能做什么存在误解所导致的。例如我遇到过一些教师，他们对婴儿哭闹或 2 岁孩子不愿意分享等现象感到震惊。我必须提醒这些教师，要如实地看待他们所照顾的孩子所具备的能力。

教师对幼儿的典型挑战性行为产生误解，往往预示着他正处在有压力的状态下，需要学习"超越它"策略来帮助自己恢复理性思考。一般情况下，挑战性行为是符合儿童发展规律的，但因其频繁发生或伴随着极端情绪而让人难以应对。可以说，你们中的许多人之所以可能会阅读这本书，往往是因为以上的描述与你们的实际情况相符。从第六章开始，我们将学习如何解决这些难题。但在这之前，我们需要完成一些基础性的工作。

## 小　结

现在你对幼儿及其发展有了更深入的了解。相信你能更好地预见可能会发生的挑战性行为的种类、时间及预防措施等。以 2 岁的学步儿为例，如果你知道他们还不懂得分享，那么你就可以在环境中增加更多的玩具，或者准备"镇静篮"[①]（详见第九章），以应对他们经常性地发脾气。曾与我共事的一名教师，在教室的每个学习区都设置了风车，用来帮助孩子们在生气时深呼吸。另一名专门教 3 岁幼儿的教师，调整了自己的语言指导策略。由于 3 岁幼儿往往以自我为中心，因此她意识到问幼儿"你认为这样做会让你的朋友感觉如何？"是没有用的。

我曾培训过一名专门为 0—3 岁婴幼儿提供服务的治疗师，她利用儿童发展的相关知识，为客户提供了优质的服务。例如，她意识到在治疗过程中需要增加更多的运动元素，于是在房间里放置了拼图、积木。婴幼儿可以通过爬行或移动来寻找这些玩具，然后和她一起组装拼图或搭建积木。在另一个案例中，与治疗师合作的家长试图通过反咬孩子来教孩子不要咬人。然而，基于儿童发展适宜性行为的相关知识，治疗师明白婴幼儿以现有的认知能力还无法意识到"哦！妈妈咬我的时候我感到很疼，所以我咬她的时候她也会疼。我想我不应该再咬人了"。这一解释帮助家长意识到，用类似"轻轻触碰"等言语回应，在帮助孩子停止咬人方面可能更有效。

---

① 通常包含一系列有助于放松和舒缓的物品，如图书和毛绒玩具等。——译者注

# 第六章　理解创伤对儿童行为的影响

你，或者你认识的孩子，有没有把一整管牙膏挤出来过？当你试图把牙膏装回去时，会发生什么？你可能会发现，要把所有牙膏都装回去是不可能的——有些牙膏即使被装回去了，也和以前不一样了。经历过创伤的孩子也会有类似的情况。在布鲁斯·佩里（Bruce Perry）和迈亚·塞拉维茨（Maia Szalavitz）的《登天之梯》[①]（*The Boy Who Was Raised as a Dog, and Other Stories from a Child Psychiatrist's Notebook*）一书中，研究者们观察了创伤对儿童及其行为的影响：

那些经历过创伤的儿童对混乱和不可预测性已经习以为常，加之新环境本身就有压力，所以他们在面对实际上平静、安全的环境时，反而会感到恐惧。为了控制不可避免的混乱，他们更倾向于"挑衅"，这样会让他们觉得更舒服、可预测性更强……这正如一名家庭治疗师所言："我们往往更喜欢痛苦的确定性，而不是不确定性的痛苦。"

有时候，某一行为背后的含义往往要比教师在课堂上能观察到的多得多。就像你需要结合自己的背景来理解你来自哪里一样，现在我们也需要思考有挑战性行为的孩子的背景。这些孩子中的大部分人都经历过创伤，我们只有了解他们的背景，才能确定如何帮助他们。

---

[①] 该书已由重庆大学出版社于 2021 年 10 月出版。——译者注

## 定义创伤

药物滥用治疗中心将生活在创伤中的人比作悬疑恐怖电影中的角色。如果仅仅看一部两小时的电影就能让我们紧张不安，连续几天睡不着觉，那么想象一下经历过创伤的孩子身上挥之不去的强烈的生理反应——焦虑地坐在座位边上，紧抓身边人的胳膊，紧张地等待着事情的发生。

这个类比解释了为什么寻常的互动和日常的物品、气味、触觉与声音会引发孩子的挑战性行为。对于遭受过创伤的孩子来说，这些看似无害的事物实则往往会激发其强烈的恐惧感和不安感。面对这样的恐惧，生存本能会起作用，使孩子们表现出挑战性行为。

我们将稍后讨论这种联系，在此之前，我们需要先确认幼儿的创伤究竟是什么样的。

### 什么是创伤？

当我第一次听到"创伤后应激障碍"这个词时，我最先想到的是从饱受战乱的国家回国的退伍军人。毕竟，"创伤"这个词本身就会让人联想到一些画面，如遭受严重伤害、被虐待多年、目睹可怕的事件，或者有类似的毁灭性经历。但对于一个年幼的孩子来说，创伤所包含的内容远比你想象的要多。

为了更好地理解创伤及其含义，让我们重温著名的创伤专家佩里的作品。在《儿童的压力、创伤和创伤后应激障碍》（*Stress, Trauma, and Post-Traumatic Stress Disorders in Children: An Introduction*）一书的导论中，他将创伤定义为一次性事件（如车祸、手术、自然灾害等）或一系列持续发生的事件（如身体虐待、情感虐待、忽视、社区暴力和家庭暴力等），这些事件会损害身体的压力反应系统。这里有一些不同类型的创伤的实例，其中许多内容来自美国药物滥用和精神健康服务管理局（Substance Abuse and Mental Health Services

Administration）提供的清单：

- 社区暴力
- 政治暴力
- 人际暴力，如杀人或自杀
- 校园暴力或欺凌
- 家庭暴力
- 身体、情感虐待或性侵犯
- 忽视
- 自然或人为灾害
- 严重的事故造成的医疗创伤
- 疾病或手术
- 难民创伤或被迫流离失所
- 家庭功能障碍，如有家庭成员被监禁、滥用药物或患有精神疾病
- 恐怖主义行为
- 军事创伤，包括被派遣的亲人以及被派遣者经历的创伤压力
- 创伤性悲伤或分离
- 大规模的暴力事件
- 影响几代人的历史创伤，例如美国的奴隶制对黑人有挥之不去的影响

简单地说，对一个年龄较小的孩子而言，创伤是使他感受到威胁的任何事件或一系列事件。发生在童年时期的创伤事件通常被称为不良童年经历（adverse childhood experiences，ACEs）。

## 创伤的影响

在《儿童的压力、创伤和创伤后应激障碍》一书中，佩里解释了我们的大脑和身体遇到危险时的反应机制。面对压力，我们的身体会进入"战斗或逃跑"

模式。"战斗或逃跑"模式描述了一种生化反应,这种生化反应会导致心率上升、呼吸急促,并伴随着应激激素的释放。这些激素,如肾上腺素,使我们变得足够强大,能够处理遇到的任何麻烦。

"战斗或逃跑"模式不一定是坏事。佩里认为,可控的、可忍受的压力是儿童发展的一部分。可忍受的压力通常是短暂的,而且可以由成人来减轻或缓和。然而,当个体长时间处于"战斗或逃跑"模式,或者压力不可预测、达到高水平而使个体感到难以承受时,这种模式就会变得有害。

不幸的是,这正是婴幼儿遭受创伤时发生的事情。有些人认为,婴幼儿还太小,不会受到压力事件的影响,但正如美国国家儿童发展科学委员会（National Scientific Council on the Developing Child）所说的那样,事实并非如此。早期经验会塑造大脑。婴幼儿时期是大脑快速生长和发育的时期,幼儿的大脑比成人的大脑对外部环境的反应更加敏感。为了在不良的童年经历中生存下来,幼儿的大脑并没有像应该的那样工作。事实上,"大脑中涉及恐惧、焦虑和冲动反应的区域可能会产生过多的神经连接,而那些致力于推理、计划和行为控制的区域可能会产生较少的神经连接"。即使身处安全的环境中,这些孩子也会经历过度唤醒,或者高度焦虑,这意味着他们总是处于高度警惕的状态。重大挫折造成的创伤会给个体的身心健康带来终生性的挑战,儿童经历的创伤性事件的数量和持续时间也会影响其受伤害程度。

简单来说,每个人的大脑里都有一个"危险刻度盘"。对于一个经历过创伤的孩子而言,即使真正的危险不存在,这个危险刻度盘也总是会被调到最高值。

## 创伤如何影响幼儿的行为?

在《儿童的压力、创伤和创伤后应激障碍》一书中,佩里指出,即使是两个同被诊断为创伤后应激障碍的孩子,其行为可能看起来也完全不同。对创伤的反应取决于儿童自身、其家庭成员、事件的性质、事件的持续时间及其生活的社区。对创伤的反应可能在事件发生后立刻产生，也可能会延迟。

下面的清单（基于美国心理咨询协会的创伤学兴趣网站创建的一份行为清单），提供了一些幼儿应对创伤的常见方式。需要明确的是，大多数孩子在某个时候都会表现出下面列出的一部分行为或所有行为，所以这些行为本身并不能证明孩子经历过创伤。关键是要看行为的强度和频率、孩子的家庭和社区环境，以及这些行为是否干扰了其日常生活。

- 尿床或尿裤子
- 孤僻
- 愤怒或有攻击性
- 发脾气
- 分离焦虑或害怕独处
- 对突然或巨大的噪声感到吃惊或表现出攻击性行为
- 过度哭泣
- 有睡眠问题
- 易被激怒
- 胃痛
- 头痛
- 退化（表现得像个小孩子），像婴儿一样说话或丧失自助技能
- 吮手指
- 不听从指示
- 再现创伤的游戏
- 回避让自己想起创伤性事件的事物
- 反复问同样的问题
- 注意力不集中
- 无法专注于任务
- 对典型的日常事件没有通常的反应

- 反应强烈
- 扔椅子或其他大型物体（肾上腺素释放和"战斗或逃跑"模式活跃的迹象）
- 易怒
- 情绪波动

你要知道，当一个孩子表现出攻击性、过度哭泣或其他挑战性行为时，这是一个迹象，表明孩子存在成人没有发现、有待解决的需求。成人必须在学校和家庭环境中全面观察孩子，了解他缺失什么，并填补这些空白。如果你忽略了孩子的需求，那么就会错过故事的重要部分。

### 案例分析 1：他们不会忘记

作为一名顾问，我和一名"开端计划"项目中的教师一起工作，我叫她卡门，她的班里有一对 2 岁的双胞胎。据卡门说，这对双胞胎黏人、爱哭闹、在过渡环节和倾听方面存在障碍。即使已经 2 岁了，他们也不怎么说话，而且似乎从来不关注卡门组织的任何活动。

在我职业生涯的这个阶段，我已经学会了用好奇心来应对幼儿的挑战性行为，所以我开始问问题。在我追问了几次之后，卡门补充说，这对双胞胎在婴儿时期因被忽视而与父母短暂分离，在此期间，他们住在寄养家庭中。但卡门说："他们现在已经回到父母身边了，他们不可能记得与父母的分离，毕竟他们只有 2 岁。"然而，以我对创伤的理解，我有不同的认识。我向卡门解释说，这对双胞胎的行为告诉我们，他们肯定还记得那次分离。

当我与卡门和双胞胎一起工作时，这对双胞胎仍然很少说话，也不注意教师的活动，直到有一天我给他们看了一张婴儿哭泣的照片。他们俩都停了下来，盯着照片看了许久，他们从来没有盯着一件东西这么长时间。我问："你们有这样的感觉吗？"双胞胎中的一个点了点头。

卡门终于确信这对双胞胎需要她的支持。她意识到她必须放慢过渡环节的节奏，用照片来谈论感受，并接受这对双胞胎在大部分时间需要离她很近的事实。几周后，我发现他们的行为变得更容易控制了，卡门也变得更善解人意、反应敏捷和实事求是了。

### 案例分析 2：理解梅森

还记得第三章的梅森吗？尽管他在我班上的时候，我已经是一名经验丰富的教师了，但我从未遇到过真正困扰我的挑战性行为。当时，我真的觉得梅森好像总是无缘无故地表现得很糟糕。现在回想起来，我意识到我的想法存在一些缺陷。

一方面，如果我说梅森的行为无缘无故，那么这就意味着我已经评估并排除了一个孩子这样做的每一个可能的因素。考虑到无数的潜在原因，这个结论是不合逻辑的。

另一方面，在考虑梅森为什么会有那样的行为时，我没有充分考虑到他的过往经历和生活方式。当时的我知道梅森的母亲正在接受药物治疗，但我没有考虑这会如何影响他的行为。我现在甚至想知道梅森是否在母亲的子宫里时就接触过药物。我还知道，梅森一家以前住在收容所，无家可归。但在那个时候，我认为他年龄太小了，应该不记得那些事，他应该没事，因为他现在生活在一个安全的地方。事实上，我低估了这些经历给他带来的挥之不去的影响，而且我不了解精神障碍的心理症状。

梅森的例子告诉我，一种挑战性行为背后真正的原因，可能与这种行为是如何表现的并不相关，甚至可能与逻辑相悖。这种认识促使我了解发展性创伤，并帮助我理解了挑战性行为背后的原因可能会超越一个人的知识和经验范围。

### 案例分析 3：孩子的发展性创伤

在我主持的一次教育研讨会上，我谈到了孩子哭泣的话题。当我说教师应该尽其所能地抱抱"那个哭闹的孩子"时，其中一名教师（西利娅）提出了异议。作为主持人，我那会儿就在心里想：太好了，听讲座的教师终于抹去了脸上礼貌性的微笑，能够将自己真实的想法展现出来了！

我理解西利娅的感受，鼓励她分享自己的想法。西利娅接着描述了她的班级里一个总是哭闹的孩子贾妮。我仔细听着，好奇地回应。事实证明，贾妮经历了很多事情。

- 贾妮的母亲是个十几岁的孩子
- 贾妮母亲家里几代人都生活在贫困之中
- 贾妮家里的一名家庭成员正在接受癌症治疗
- 贾妮是早产儿

在了解了贾妮的生活情况后，我想知道她的行为是否属于发展性创伤的表现。当孩子承受了巨大的压力，成人是压力源或不试图减轻孩子的压力时，发展性创伤就出现了。贾妮的母亲在抚养贾妮的同时照顾一个生病的家庭成员，这让她承受了太多压力，并患上了产后抑郁症，变得反应迟钝。反应迟钝会导致贾妮被忽视，进而影响贾妮的成长。这个跨越家庭几代人的贫困模式也有一个专业术语——跨代创伤。跨代创伤是一种不被承认的痛苦，并且代代相传。例如，贫困家庭往往会被孤立在某个区域。根据伊丽莎白·尼博恩（Elizabeth Kneebone）、凯里·纳多（Carey Nadeau）和埃伦·贝鲁布（Alan Berube）对贫困社区的分析，这种孤立会导致贫困家庭获得优质医疗和保健资源、住房和学校教育的机会减少，并且更容易受到高犯罪率的影响。当一个家庭无法摆脱这种环境时，贫困就会影响到每个家庭成员和整个家庭，并对一代又一代人造成累积的影响。

在对贾妮的处境有了更多的了解后，我并不是唯一一个感到担心的人。研讨室里的每个人都看了看我，然后看了看彼此。我们一致决定告诉西利娅："你必须抱着这个孩子。"我们还向西利娅了解了她所照顾的其他孩子，结果发现，虽然他们都生活贫困，但其他孩子没有那么多挑战性行为。尽管所有的孩子都哭闹，但他们哭的频率和持续时间不同。

在把这件事说出来之后，西利娅也意识到，贾妮所经历的一切对任何人来说都是难以承受的，更不用说对于一个孩子了。我们坐在一起，帮助西利娅制订了一个计划——如何在一天中为贾妮提供身体和语言上的安慰。

- 当贾妮哭泣时，西利娅或她的同事应迅速做出反应，帮助贾妮停止哭泣，而不是让贾妮等待被安抚。
- 西利娅和她的同事将作为一个团队工作，在教室里明确自己的角色，这样她们就可以分工合作，对贾妮做出反应。
- 我们明确了一天中贾妮哭得最多的时间，并制订了相应的计划。西利娅和她的同事计划得越多，她们就越能在贾妮哭闹时迅速采取行动。

这个故事是一个很好的范例。它告诉我们为什么不能在未深入了解现状的情况下，为孩子的挑战性行为制定解决方案。这个例子也说明了困境累积的后果。读这本书的每个人都经历过某种类型的困境，但困境的数量和强度很重要。它是短期的还是长期的？是温和的还是非常强烈的（以至于产生了挥之不去的后果）？在那段时间里，你有一个充满爱的支持系统，还是在很大程度上你完全独自面对逆境？这些问题的答案会对你的人生产生巨大而深远的影响，这同样适用于年龄较小的孩子。

虽然你无法控制孩子在学校之外经历什么，但当孩子和你在一起时，你可以做出改变。所有儿童都需要负责任的照护者。回应不是给每个孩子同样的东西。回应基于每个孩子独特的生活环境和个体特征来满足其需求。这种回应有时可能需要教师采取不寻常的行动，下一个案例就说明了这一点。

### 案例分析 4：安抚发脾气的蔡斯

扔椅子、把架子上的材料都推到地上、打老师，你见过学龄前的孩子做这些事情吗？来自一个寄养家庭的孩子——蔡斯，在假期后开始表现出这些行为。

他的老师沙妮娅,对此感到束手无策。

当我问沙妮娅是什么引发了这种情况时,她说蔡斯整天都在胡闹。于是我问:"如果你只能消除一种行为,你会消除什么?"沙妮娅选择解决午餐时蔡斯发脾气的问题。蔡斯拒绝和其他孩子一起坐在饭桌旁吃饭,他坚持要在阅读区吃饭。如果让他坐在别的地方吃午饭,他就会在教室里捣乱。

看看你根据下面的对话能够想到什么。

我:如果你不介意,蔡斯可以坐在阅读区吃午饭吗?可以安排一个专业的辅助人员陪着他。

沙妮娅:他必须遵守规则。他必须学会像其他人一样坐在桌旁吃饭。

我:我知道规则对你很重要。我同意教孩子遵守规则也很重要。但我想知道蔡斯是否难以适应假期期间生活作息的变化。他被寄养是有原因的,而且一日生活的改变可能引发了这些行为。如果他不发脾气,那么他能不能在阅读区吃东西呢?

沙妮娅:安杰拉,我才不要额外关照这个孩子。如果他在阅读区吃饭,那么每个孩子都会想在阅读区吃饭。

我:我明白你的担心。你担心其他孩子的反应是对的。但我也知道蔡斯过去经历的创伤可能会影响他现在的行为。他有其他孩子没有的心理健康问题。也许我们可以用简单的语言向孩子们解释。例如,我们可以说"当人们心烦意乱的时候,他们需要独处"。我想跟蔡斯强调的是,其他孩子可以坐在桌子旁,坐在那里很有趣。我还想知道,蔡斯在坚持了一上午之后,是不是太困、太饿了,也许时间也是一个触发因素。我们可以试试,看看其他孩子能不能哄蔡斯和他们一起坐在桌旁吃午饭。我们也可以让一个孩子和蔡斯坐在一起。你觉得怎么样?

沙妮娅:如果他不遵守规则,那么他就要被"监禁"了。我是个守旧的人。我照顾不了这个孩子。我们现在所在的是什么样的教室?难道是孩子们告诉教师该做什么吗?在我出生的时候,孩子们就得遵守规则。

我：我明白你担心自己太宽容，从而导致不好的后果。但请记住，这是"开端计划"项目，我们的课程鼓励我们制定规则，但也要为有特殊需要的孩子提供便利。毕竟蔡斯只有3岁，如果他坐轮椅或失明呢？如果一个孩子有残疾，你会不给予帮助吗？蔡斯可能有一些心理问题。

沙妮娅：安杰拉，那个小男孩可不是盲人！好吧……我想我们可以试试。

最后，我们允许蔡斯坐在阅读区吃午饭。同时，我们也实施了一些策略来帮助蔡斯处理他的感受，并为他加入这个团体提供支持。

- 沙妮娅使用情绪的可视化图卡来帮助蔡斯表达他的感受。当蔡斯不知所措，无法用语言表达自己的感受时，他可以指出恰当的图示。
- 沙妮娅和蔡斯一起写了一本关于与朋友共进午餐的书，书中有蔡斯的照片。这是一个改善他们关系的很好的方式，也是极佳的读写、艺术和数学活动。
- 当蔡斯和同伴一起吃饭时，沙妮娅让他坐在桌子的一端或外角，这样他就有了额外的活动空间。
- 沙妮娅和孩子们根据《划，划，划小船》（*Row, Row, Row Your Boat*）的曲调，将其改编为：

坐下，坐下，坐在桌边，

和朋友一起吃饭！

坐下，坐下，坐在桌边，

和朋友一起吃饭！

持续使用这些策略一段时间后，蔡斯最终回到桌前和同伴一起吃饭了。

你能理解沙妮娅吗？你是否曾经也想绕过所有策略，回到孩子们听话的"美好过去"？正如我们在第二章讨论的，怀旧会阻碍问题的解决。如果我们摘下美化的眼镜，进行逻辑思考，我想我们都能记得，并非所有孩子都会按照要求去做。回归"美好过去"的想法虽然令人欣慰，但只会分散我们解决手头问题和实施有效策略的注意力。

## 🏷 关掉危险刻度盘

当孩子处于"战斗或逃跑"模式时，他的危险刻度盘就会被调到最高值。如果一个孩子经历过创伤，那么即使这个孩子现在身处安全的环境，他的危险刻度盘往往也会卡在最高值上。孩子们需要持续学习"情绪管理"这门课。他们需要成人的帮助来降低危险刻度值。这里有一些办法（见表6.1）可以帮助你认识到你所关心的孩子的状态，同时也可以帮助他们从"战斗或逃跑"模式中解脱。

表 6.1

| 危险刻度盘"卡住了"的迹象 | 降低危险刻度值的方法 |
| --- | --- |
| 呼吸加快 | 深呼吸 |
| 心跳加速 | 抚摸胸口 |
| 肌肉紧张 | 放松 |
| 视野变窄 | 用可视化图卡集中注意力 |
| 出汗 | 冷静 |
| 苍白的脸 | 照镜子 |
| 原始创伤的重现 | 提醒自己现在处在一个安全的地方 |
| 依附或退缩 | 与成人亲近，得到同伴的支持 |
| 脾气暴躁/肾上腺素释放 | 成人预测、预防或避免挫折 |
| 反复问问题 | 成人心平气和地重复答案 |
| 寻求更多的关注 | 在一日生活中安排时间，给予儿童必要的关注，例如每次在过渡环节和孩子击掌或拥抱 |

## 🏷 小　　结

当创伤引起孩子的挑战性行为时，直面创伤可能是可怕的、痛苦的，甚至是令人沮丧的。好消息是，随着你对创伤加深认识，你会更加了解创伤如何影响幼儿的行为，你可以帮助幼儿。既然我们已经了解了幼儿挑战性行为背后的主要原因，那么我们就可以开始分析不同类型的挑战性行为，并制定应对策略了。

# 第七章 分析挑战性行为

既然我们已经讨论了如何更好地管教孩子,如何控制自身情绪、积极修复我们与孩子和家长之间的关系,并研究了孩子的发展适宜性行为及创伤性事件可能会给他们带来的影响,那么接下来我们就要开始分析挑战性行为本身了。还记得我们在第三章提到的成人行为清单吗?在本章,我们将学习如何执行清单的第四步——赋予行为以意义。

> **成人行为清单**
>
> 1. 理清你的感受。
> 2. 修复关系中的裂痕。
> 3. 找到支持关系的策略与方法。
> 4. 赋予行为以意义。
> 5. 选择一套策略。
> 6. 遇到困难时要有耐心。

## 赋予行为以意义

你知道吗?大多数教师的行为改善计划之所以失败,是因为他们在没有充分考虑挑战性行为背后原因的情况下,就武断地制定了一系列的干预措施。例如,如果你把葡萄汁洒在你最喜欢的绿衬衫上,那么你肯定不会简单地把漂白剂倒在污渍上。因为漂白剂虽然可以去除果汁污渍，但同样会使衣服褪色，在你的绿衬衫上留下一个丑陋的棕色斑点。这样，你参加周五的晚宴时就没有衣服可穿了！然而，我们经常会以这种"粗暴"的方式处理孩子们的挑战性行为，甚至在更多的时候，我们直接在生气和绝望中选择我们能想到的策略，而并不清楚这些策略是否与孩子们的挑战性行为相匹配。

幸运的是，有一个更好的办法。当我们使用这个办法时，我们需要比简单地在网上搜索"去除衣服上的葡萄汁污渍"做更多的准备，但我们也会得到更好的结果。就像我们在第二章中分析你对挑战性行为反应的原因一样，我们也需要找到孩子们表现出这些行为的原因。我喜欢把这个过程称为"意义生成机制"。要知道，不管衣服上的污渍是什么类型的，所有衣服都必须经过洗衣机的洗涤，才能变得干净整洁。同样，不管我们面对什么样的挑战性行为，我们都必须仔细考虑该行为发生的背景和影响因素，这样我们才能发现原因，找到解决办法。现在让我们运用上述办法，对孩子们生活中常见的挑战性行为进行分析吧！

## 身体攻击

常见的身体攻击性行为包括打人、咬人、推搡、扔东西、踢人和吐痰等。正如我们在第五章中讨论的，这种行为在幼儿的发展过程中非常普遍，所以在课堂上看到孩子的一些身体攻击性行为很正常。然而，行为正常并不意味着我们希望它继续下去！

我们倾向于把孩子的身体攻击性行为归因于愤怒或生气。实际上，即使孩子生气了，那也只是问题的一部分。心理学家通常将愤怒称为次要情绪，这意味着要消除愤怒，必须消除之前的情绪或行为。

### 练习1：揭露身体攻击的原因

请在纸上尽可能地写下孩子表现出身体攻击性行为的所有潜在原因。这项任务看上去似乎很难，因为所谓的"潜在原因"可能会根据孩子、教室或其他情况的不同而产生差异。以下是一些可能的原因：

- 获得关注
- 避开某人或逃避过渡环节
- 满足生理需求，例如，孩子咬人可能是因为他正在长牙
- 满足感官刺激，例如，孩子咬人可能是为了满足口欲期①的需求
- 表达强烈的负面情绪，如沮丧、悲伤或焦虑
- 在语言能力有限的情况下进行交流
- 应对生理问题

在职业生涯中，我曾接触过许多孩子。根据我多年的观察和分析，他们的挑战性行为大多源于上述清单中的最后一个原因——应对生理问题。例如，我曾治疗过一个喜欢乱扔东西、踢打他人的孩子。后来我才发现这个孩子的身体攻击性行为主要源于她的视力问题。戴上眼镜后，她停止了所有的身体攻击性行为。又如，我做顾问时遇到过一个孩子，他会在每次吃午饭后把教室弄得一团糟。最终我们发现，原来他对乳制品过敏。每次喝完牛奶后，他都会感觉不舒服——这就变成了一个很容易解决的问题。我还认识另一个孩子，他经常在午睡前攻击他人，结果我们发现这个孩子有睡眠障碍②，需要接受相应的药物治疗。我多么希望所有问题背后的原因都这么简单而直接！有了这些经验，当我

---

① 口欲期也被称为口腔期，是精神分析学派的专业术语，用来描述儿童成长过程中的一个特定时期。在该阶段，儿童通过吮吸、咀嚼、吞咽等口腔活动来获得快感与满足感。——译者注
② 睡眠障碍是指在睡眠过程中出现的各种异常表现。——译者注

开始怀疑孩子们的身体攻击性行为可能与他们的生理因素有关时,我就会采用排除法——从我能想到的最有可能的原因开始,逐个排除掉不可能的原因。类似于听力、视力、感官、药物、牙齿及过敏等方面的问题都有可能成为导致孩子出现身体攻击性行为的潜在原因。

正如上述案例所表明的那样,某个孩子表现出身体攻击性行为的原因可能多种多样。此外,挑战性行为的背后可能不止一个原因。某个孩子可能会因为我在这里列出的所有原因、部分原因、某个原因而表现出身体攻击性行为。为了获得更多的信息,我们需要对家庭、环境及其他因素进行深入分析。

## 影响这种行为的因素

### 家庭因素

我记不清有多少次作为心理健康咨询师被邀请去处理某个孩子的身体攻击性行为问题,结果却发现原来那个孩子所在的家庭添了个新生儿。布伦达·沃林(Brenda Volling)基于对相关研究的全面回顾解释道,在新生儿出生后,照护者对家里年龄较大孩子的关注和反应往往会减少。此外,沃林与同事的研究进一步表明,新生儿出生后,家里年龄较大孩子的问题行为水平取决于其对照护者的依恋程度。

除了新生儿这一常见的影响因素,家庭中的其他变化(如家庭成员失业、死亡、缺席、长时间工作、分居或离婚、食物或住房不安全等)也可能引发孩子的身体攻击性行为。有趣的是,埃默里·考恩(Emory Cowen)及其同事的研究表明,那些在压力状况下心理健康状态良好、有问题解决能力和社会适应能力的城市幼儿,其家庭成员在压力状况下也表现良好。相反,如果家长本身不具备应对能力,那么他们所造成的紧张的家庭环境对孩子来说尤其具有挑战性。作为教育工作者,我们不应期望所有的家长都知道如何应对压力或支持自己的孩子。

虽然教育工作者不一定能改变孩子们的家庭环境,但他们可以尽其所能,通过定期向孩子们传授压力应对技巧、支持家长等方式,避免和预防身体攻击性行为的发生。我建议在班级的活动区放置一些装有感官物品（如肥皂泡、含有薰衣草提取物的橡皮泥和感官镇静瓶①等）的小篮子。为压力较大的家长制作小香包或安抚带也是一个不错的主意。

**环境因素**

正如我们在第五章中了解到的，身体攻击性行为是幼儿常见的行为表现，尤其是当班级里存在某些"不良"因素时。例如，年幼的孩子在排队时无事可做，或者他们在没准备好时就被要求跟大家分享想法，这往往会让幼儿变得更具攻击性。教师需要仔细观察班级里的幼儿及其特点、活动状况等，以便确定哪些因素可能引发他们的身体攻击性行为，并提前制订预防计划。例如，教师可以让幼儿在等待时间有事可做或提前在教室里放置多样化的玩具。

### 案例分析1：基于大脑的学习、环境和身体攻击性行为

我自己对身体攻击性行为的研究显示，环境因素在其中发挥了重要作用。作为一名神经发育领域的专业工作者，我的大多数研究聚焦于"基于大脑的学习"（brain-based learning，BBL）。斯普伦格在她的著作《成为基于大脑教学的"天才"》中谈到，"只有理解大脑如何运作，如何记忆，以及大脑需要什么，才能建构'基于大脑的课堂'"。基于此，我发现孩子们的身体攻击性行为往往是无效课堂实践（与学生的成熟度不匹配）的副产品。

已有的研究证实了我的观察结果。例如，朱迪·哈钦斯（Judy Hutchings）及其同事的一项研究表明，幼儿园教师接受班级管理能力方面的训练，可以显著地减少幼儿的非任务行为②（无论是个人的，还是全班的）及其对教师的负面情绪。这里的班级管理能力，主要指教师有效组织儿童的时间、注意力和行为

---

① 感官镇静瓶也被称为"蒙氏感官瓶"，适用于0—3岁婴幼儿的早教游戏及感统训练。——译者注
② 非任务行为是指在执行任务之外的、与任务不相关或干扰任务执行的行为。——译者注

的能力。通过班级管理，教师可以潜在地为儿童发展提供必要的外部调节，进而满足课堂教学的需要。另外，弗吉尼娅·维蒂洛（Virginia Vitiello）及其同事的另一项研究也显示，在预测儿童的积极或消极行为方面，课堂环境特征与儿童因素同样重要。除了关注儿童本身，微调课堂结构也能促进他们积极参与。莫琳·康罗伊（Maureen Conroy）与其同事研究和总结了减少挑战性行为的策略，并发现改变课堂环境对减少儿童的挑战性行为极其有效。温迪·麦查利斯克（Wendy Machalicek）等人对儿童行为干预的研究也表明，具有发展适宜性的课堂与教学能有效地减少自闭症儿童的挑战性行为。基于以上研究结论，我想更好地了解基于大脑的学习如何影响儿童的身体攻击性行为。

雷纳特·凯恩（Renate Caine）和同事在其合著的《12个大脑/思维学习原理》（*12 Brain/Mind Learning Principles in Action*）一书中提出，基于大脑的学习由三部分组成。这三部分可以说在一定程度上与幼儿园课堂评估评分系统（Classroom Assessment Scoring System，CLASS）的三个维度相对应。CLASS是由罗伯特·皮亚塔（Robert Pianta）、卡伦·拉帕罗（Karen La Paro）和布里奇特·汉姆雷（Bridget Hamre）共同开发的，是用于观察和评估从婴儿到高中生的课堂师幼互动质量的一个工具。表7.1对基于大脑的学习和CLASS进行了比较。

表7.1

| CLASS的三个维度 | 基于大脑的学习的组成部分 |
|---|---|
| 情感氛围 | 放松警惕：创造促进学习的最佳情感氛围 |
| 班级管理 | 精心安排，助力学生沉浸在复杂的体验中：创造最佳的学习机会 |
| 教育支持 | 积极加工经验：创造巩固学习的最佳方式 |

因此，我决定使用CLASS来衡量"开端计划"项目中不同班级的基于大脑的学习状况。某个班级的CLASS评分越高，那里发生的基于大脑的学习也越多。通过比较每个班级的得分和该班级挑战性行为事件的报告数量，我希望探讨基于大脑的学习与孩子们的身体攻击性行为之间的关系。事实证明，二者是

有关系的。某班级在 CLASS 的情感氛围和班级管理维度上的得分越高，该班级报告的行为事件就越少，反之亦然。以下是我总结的一些教师行为类型，这些行为有助于儿童减少身体攻击性行为。

- 加入儿童游戏，并以微笑或积极的话语应对
- 很少表现出消极行为，如喊叫或生气
- 意识到儿童可能需要额外的支持，能迅速做出反应，提前计划
- 允许儿童自由选择或承担责任
- 积极主动地防止问题行为的产生
- 为儿童提供亲身体验和多感官参与的学习活动及过渡环节

以上研究结果扩展了我们关于教师行为如何增加或减少儿童身体攻击性行为的现有认识。我们虽然可能无法控制校外因素对儿童行为的影响，但至少可以改变班级的情感氛围和管理方式。

### 案例分析 1 的意义

你们中的一些人可能在想："安杰拉，我们已经改善了班级管理方式和情感氛围，接下来要做什么呢？"值得注意的是，CLASS 聚焦于教师的具体行为，它的独特之处就在于关注教师的班级管理和情感支持的水平。也就是说，CLASS 不仅可以用来衡量师幼之间的互动，还强调互动的频率和深度。具体而言，即使孩子们的挑战性行为仍然发生，也不意味着教师没有进行任何班级管理或提供情感支持，它只是说明教师的班级管理或情感支持的程度不够、类型不宜。例如，教师可能会在教室里放置风车或图片，以提醒幼儿在心烦意乱时深呼吸，但教师可能不会一直使用这项策略。

### 案例分析 2：策略"剂量"

当孩子表现出身体攻击性行为时，我们可能会经常使用某种特定的策略来

应对。实际上，我们不仅要关注自己做什么，还要考虑做的程度。例如，如果我给你半剂药，而你需要一剂药，那么你会好起来吗？无论面对什么样的班级，你每周的工作天数（有多少次你的情绪、耐力在周五到来之前没有完全耗尽）、每天的工作时长（你是否常常在下午感到筋疲力尽）、班级儿童数量（天气不好，只有三个孩子出勤的时候，你是不是变成了自己一直期待的模样）、教师团队（他们是否与你积极配合）等因素，都会影响到策略的"剂量水平"。所以不要总是想着"我试过了"，你需要深入思考策略使用的频率和程度。

我曾观察过一名教师在课堂上使用积极词汇（如"是的"或"继续"等）和消极词汇（如"不"或"停止"等）的频率。当她使用消极词汇时，孩子往往会表现出更多的攻击性行为。我建议她使用积极词汇。她回答我："我确实用了啊！"我表示认可："是的，你用过，但你并不是一直在用。"这名教师接着就向我描述了她使用积极词汇的具体情况。我认可她的做法，并告诉她，我希望她能更频繁地使用这个策略。在很多时候，我发现教师、治疗师和家长都在使用正确的策略——只是不够频繁，不足以让孩子的身体攻击性行为停止。

**其他因素**

请记住，孩子们可能并不需要直接目睹身体攻击性行为，就会出现类似的行为。在《从儿童到成人的身体攻击性行为发展》一文中，特伦布莱明确指出，孩子们并不一定是从他们身处的环境中学习身体攻击性行为的（这也就是说，他们可能自发出现类似的行为）。与之相反的是，"孩子们恰恰是通过与环境的各种互动，学习如何避免使用身体攻击性行为"。这一发现强调了成人和其他儿童如何应对身体攻击性行为的重要性。如果孩子们在家里目睹了身体攻击性行为，那么学校或托幼机构就应该承担起教会他们积极应对的责任。如果你对打人反应过度，表现出夸张的皱眉等表情或行为，那么孩子可能会打更多的人，以满足其获取关注的需求。如果你大喊大叫，孩子可能会从你那里得到暗示——当我们心烦意乱时，大喊大叫很正常。如果你允许孩子用身体攻击性行为来应对身体攻击性行为，就会强化此类行为。

所以，当儿童表现出身体攻击性行为时，试着让自己冷静一下再应对。这一秒的喘息时间可以让你对孩子的行为做出反应，而不是"反击"。例如，如果孩子的行为不会造成危险的后果，那么我可能会数到十，用护手霜擦擦手，喝口水，望望天空，或者哼唱几句歌词。

这种做法可以帮助我减少犹豫不决或反应过度的情况。一次，维多利亚参加了我组织的一个工作坊，她跟我描述了她听从洛丽·德舍纳（Lori Deschene）的建议而使用"暂停"策略的效果。她班上一个叫科林的孩子拿着积木在多明戈的脑袋上不断挥舞。她没有立刻回应，而是"暂停"了一下。她没有立刻把科林带出教室，也没有质问他为什么拿着积木在小朋友头上挥动——这是她以前面对此类状况时的典型反应，而是问科林："你拿积木干什么呢？"

科林回答说："我在给多明戈理发。"

这个回答令维多利亚感到意外，原来科林并没有恶意，他只是想与多明戈一起玩！但积木离多明戈的头很近，也许会对多明戈造成伤害。随后维多利亚告诉科林如何安全地为多明戈"理发"——他可以假装摸摸多明戈，把积木举高点，而不是让积木紧靠多明戈的头部。

有时，危险迫在眉睫，我们根本没有时间"暂停"。作为一名治疗师，我曾经接待过多名具有严重的身体攻击性行为的孩子。与他们相处，我在学会冷静、镇定的同时，也学会了如何及时对其行为做出反应。如果我不这样做，那么他们的攻击性行为很有可能会升级，并对其他孩子（包括我）造成伤害。我还学会了在孩子不安时停下来，"倾听"其肢体语言，试着进入其私人空间。另外，我还学会了如何与具有攻击性的孩子建立积极的良性关系，以免其令我失控。

## 言语攻击

言语攻击包括说一些不友好的话，如"我不是你的朋友"或者"你不能参加我的聚会"，甚至是脏话。美国心理学家蒂莫西·杰伊（Timothy Jay）提醒我们，使用脏话是儿童语言习得过程中正常的现象。正如第五章所述，言语攻击往往是儿童理解词汇和探索语言的标志。即使这样，教师仍需了解儿童此类行为背后的原因，以帮助其掌握合适的沟通方式。

> **练习 2：揭露言语攻击的原因**

请在纸上尽可能地写下孩子表现出言语攻击性行为的所有原因。以下是一些可能的原因：

- 获得成人的关注
- 模仿教师的行为
- 表达愤怒或沮丧
- 无意识的口头语
- 表达生理需求，如疲劳或饥饿
- 马上要发脾气

当你回顾清单时，请记住某个孩子可能因为上述的一个、几个或全部原因表现出此类行为。如果你把注意力集中在孩子表达愤怒（或他感受到的任何情绪）的话语上，而不是探寻其愤怒的根源，那么你就本末倒置了。你越详细地了解儿童行为背后的情绪或事件，你越能更好地预判并制定相应的对策，教会孩子用恰当的方式表达。

## 影响这种行为的因素

### 家庭因素

儿童往往不可避免地在家里听到攻击性言语。无论是在看电视、听歌曲的时候，还是在妈妈勃然大怒的时候，孩子都有可能接触此类言语，甚至掌握了此类言语使用的场合和语气。

有趣的是，最大的伤害似乎不仅仅来自"言传身教"，还来自家长针对儿童的、频繁的言语攻击。在一项研究中，伊冯娜·维辛（Yvonne Vissing）等人在研究父母的言语攻击与儿童的社会性问题之间的关系时明确指出，经常遭受父母言语攻击的孩子有更高频率的身体攻击性行为和社会挑战性行为。C. 鲁思·所罗门（C. Ruth Solomon）和弗兰诺伊斯·塞尔斯（Franoise Serres）的另一项研究也表明，对孩子进行言语攻击会伤害其自尊心。

我们必须对孩子在教室里的攻击性言语感到警觉。我们可以问问自己："家长是否曾经对孩子说过这些话？""别人是否曾经这样骂过他？"想象一下这样的家庭，它将有助于我们将注意力从自身的情绪反应转移到对孩子的同情和关爱上。

**环境因素**

教师不应该让任何挑战性行为引起自己和其他孩子的不必要的关注，这点尤为重要。你在课堂上经历过不良行为的"传染扩散"吗？言语攻击尤其容易引发此类反应——只要你说"不要说那个词"，每个孩子都会开始那么说！这时教师把孩子们的注意力引导到了错误的事情上，而不是正确的事情上。幼儿正在发展语言理解能力，他们会关注任何吸引他们的词语或表达。他们也在学习如何描述自己的情绪，但他们的词汇量非常有限。因此，某些语句可能包含隐藏的信息，表 7.2 展示了一些实例。

表 7.2

| 儿童所说的 | 儿童真实的想法 |
| --- | --- |
| "别看我。" | "我感到羞愧。"<br>"我不想让别人注意到我。" |
| "你不是我的朋友。" | "我现在对你很失望。" |
| "我恨你。" | "我讨厌这种情况。"<br>"也许我说这些话会引起你的注意，或者你会惩罚我。" |
| "我不想睡觉。" | "我害怕黑暗，也害怕独自一人躺在床上。" |
| "我不知道。" | "我还不能控制自己的行为，所以我不知道自己为什么会那样做。" |

### 案例分析3："忽视盾牌"策略

我曾经参与过一个学龄儿童项目，其中一个叫瑞奇的孩子经常脏话连篇。有趣的是，正是其他孩子对脏话的反应让我冷静思考。瑞奇说脏话后，他的同伴往往夸张、粗鲁地回应"哦！你在说脏话！"或"我听着呢！"。实际上，这些话和瑞奇的脏话一样具有破坏性。同伴的回应正好强化了瑞奇渴望同伴关注的需求。

在这种情况下，我们通常会教授孩子们使用"忽视盾牌"策略。每个孩子选用手工材料制作自己的盾牌。当瑞奇说脏话时，他们就用盾牌"保护自己"，把盾牌举起来，躲在盾牌后面什么也不说。当因为使用盾牌而受到表扬时，他们就会逐渐忽略瑞奇的脏话。结果，一段时间后，瑞奇不再说脏话了。教师也试图以更积极的方式（如在课堂上给他安排一些任务或工作等）满足瑞奇对他人关注的需求。

这一案例为我们提供了宝贵的、可借鉴的经验。如果你把注意力全部集中在有挑战性行为的孩子身上，你可能会忽略某个简单易行的解决方案。通过让全班儿童参与，我们不仅能积极应对挑战性行为，还能教育其他儿童。"忽视盾牌"策略告诉我们，面对一种挑战性行为，我们不一定要做出回应，有时适度忽视也不失为一种不错的解决方案（当然，这并不适用于所有情形——有时让孩子向老师反映情况非常必要。任何情境都有其特殊性，一定要谨慎，不要轻易相信存在"放之四海而皆准"的策略）。

## 撒谎

从发展的角度来看，正如我们在第五章中了解到的，孩子们精心编制的故事很少能引起成人的注意。根据美国儿童和青少年精神病学学会①的说法，幼儿仍在学习区分真实和想象，其大脑尚未发育成熟。撒谎表明儿童开始意识到他人的想法和动机与自己的差异。在维多利亚·塔尔瓦尔（Victoria Talwar）和康·李（Kang Lee）的"说谎的发展：儿童言语欺骗过程中的控制性表达行为"（Development of Lying to Conceal a Transgression: Children's Control of Expressive Behavior during Verbal Deception）研究中，研究人员要求 3—7 岁儿童在成人离开房间后不看玩具。大多数儿童无法抵制诱惑。当研究人员返回时，3 岁幼儿更倾向于不撒谎。大约一半的 3 岁幼儿都能坦白，而 3 岁以上的孩子却选择了撒谎。这一现象表明，孩子们已经意识到成人的要求（不许看）与自我需要（想要看）之间的差异。然而，当撒谎的孩子被问及他们的过错时，他们缺乏相应的语言技巧来维护谎言，很快就暴露了自己。这表明 8 岁以下的儿童并不擅长撒谎。

### 练习 3：揭露说谎的原因

在纸上尽可能地列出孩子说谎的所有原因。以下是一些可能的原因：

- 喜欢讲故事
- 避免受到成人的批评与惩罚
- 给某人留下深刻的印象

请记住，幼儿还没有足够的认知能力来执行邪恶的欺骗计划。即使一个不到 7 岁的孩子用谎言来掩盖自己的行为，他的认知能力也无法支撑他编造一个

---

① 美国儿童和青少年精神病学学会（American Academy of Child and Adolescent Psychiatry, AACAP）是致力于儿童和青少年精神病学研究的医学组织。该学会的主要目标是提升对儿童和青少年精神疾病的诊断、治疗和预防水平，促进儿童和青少年精神健康。——译者注

复杂的故事以应对质疑。随着儿童换位思考能力的发展，他们会逐渐理解撒谎对他人产生的消极影响。

## 影响这种行为的因素

### 家庭因素

一名教师曾经问我："为什么即使孩子撒谎，所有父母也都会无条件地相信自己的孩子？"研究显示，幼儿往往不会故意撒谎，所以他们的父母相信他们是有道理的。尽管如此，我也理解这种情况会激怒教育工作者。我记得有一次，一个孩子说我拉了他的胳膊，把他弄伤了。虽然我当时感到很委屈，但这种情绪并没有持续太久，因为我知道事实并非如此。我所在的班级装有监控摄像头，孩子的家长观看了监控记录，才知道自己的孩子撒了谎。但即使没有摄像头，这个孩子也不具备维护一个令人信服的谎言所需要的认知能力，所以只要客观公正地质询他，必然会证明我是无辜的。

### 环境因素

教室里的某些环境因素会激发孩子"编故事"。作为教师，我总是尽可能地和其他教师在一起。如果我一个人要照看 10 个孩子，而另一位教师只需要照看几个孩子，那么我会和他合作照看所有的孩子。

如果孩子故意撒谎，那么实际上他在给我们传递信号：你需要反思一下自己的言行。如果儿童撒谎是为了逃避惩罚，那么惩罚非但不能发挥消除相应行为的正面教育效应，反而会增加儿童挑战性行为发生的频率。问问自己以下问题：

- 我的回应只针对这个孩子吗？
- 我的回应是否会让孩子感到羞耻？
- 我的回应是否过于夸张或消极，让孩子感到不舒服？
- 我的回应是否教会了孩子某项实际的技能？

## 🏷 霸凌和排斥

美国心理学会[①]将霸凌定义为"通过身体接触、言语或其他方式，故意和反复地给他人造成伤害或令他人感到不适"。霸凌不单单指刻薄的言语或行为，更强调故意性。要想满足故意性这一条件，孩子需要准确地理解他人的思想和情感。3岁及以下的儿童很难做到这一点，所以实际上他们不可能霸凌他人。

我猜你现在可能在想："哼！安杰拉，你是没见过我班上那个3岁的恶霸！"我们一起来看看研究人员对幼儿的这类行为有何看法。玛丽亚·弗拉乔（Maria Vlachou）等人认为，你在教室里看到的3岁及以下儿童的攻击性行为，实际上更应该被称为"不正当攻击"。在这种情况下，孩子们往往是没有明确原因或动机的攻击性行为的受害者。当然这类行为也可能是孩子误解他人行为意图的结果，例如，某个孩子把他人的触碰误认为是推搡。这类行为在儿童试探行为边界时常常发生。就在我目前担任顾问的学校里，一名教师跟我讲了一件事：一个孩子踢倒了另一个孩子的积木塔，就是为了看看另一个孩子有什么反应。

正如我们在第五章中了解到的，儿童在4岁左右逐渐发展预测他人反应的能力。随着这项能力的发展，霸凌开始出现。根据弗拉乔和她同事的研究，幼儿的语言和认知能力发展有限，其霸凌行为相较于年龄稍大的儿童没那么复杂，更多的是对他人言行的直接反应。例如，如果泽维尔想和雷吉娜一起玩角色扮演游戏，而雷吉娜拒绝了，那么泽维尔可能会说："你不是我的朋友。"

> **练习 4：揭露霸凌的原因**

在纸上尽可能地列出儿童霸凌他人的所有原因。以下是一些可能的原因：

---

[①] 美国心理学会（American Psychological Association，APA）成立于1892年，是美国最具权威的心理学学术组织，也是国际心理科学联合会的主要成员。——译者注

- 获得关注
- 得到玩具
- 获得对另一个孩子或游戏的控制权

请你在思考具体的霸凌行为时，试着回忆这之前发生的事情。这种思考会为你的干预和介入指明方向。我们在分析霸凌行为的影响因素时，会再次详细地论述这个观点。在这之前，让我们先了解一下影响霸凌的家庭因素。

## 影响这种行为的因素

### 家庭因素

有些儿童之所以会与他人发生冲突，往往是因为他们第一次在家庭之外与一大群孩子相处。部分儿童霸凌他人是因为他们以前在处理同伴关系时就有困难。朱迪·邓恩（Judy Dunn）和雪莉·麦圭尔（Shirley McGuire）探讨了儿童早期家庭生活经历与其在学校中的社交表现之间的关系。他们注意到，对兄弟姐妹表现出较强攻击性的孩子往往也容易出现社交障碍。有趣的是，林内亚·伯克（Linnea Burk）等人在探究其他家庭风险因素时发现，遭受霸凌的儿童更有可能面对高水平的家庭冲突。这也就意味着，无论是霸凌他人的儿童，还是被霸凌的儿童，往往都面临着一定的家庭困境。

### 环境因素

课堂环境会影响霸凌行为发生的可能性。在一项关于学龄前儿童攻击性行为的研究中，贾妮弗·亚当斯（Jennifer Adams）明确指出，霸凌通常发生在无组织的自由玩耍、休息和过渡环节中。为了防止此类行为的发生，教育工作者应在任何时候都对教室内的情况保持敏感（如永远不要背对着儿童坐立）。儿童自由玩耍时，教师要来回走动，在霸凌行为可能发生的地方及时干预和介入。

你们中的一些人可能会犹豫是否要践行上述的最后一个建议，我能理解为什么。作为教师，我已经学会了在孩子们自由游戏时"离开桌子"。但是在我职业生涯的早期，我会坐在桌旁，邀请他们和我一起做点什么送给家长，我的助手则负责照看其他孩子。现在回想起来，我意识到这种做法可能会导致霸凌行为的发生。因为我的注意力是分散的，而我的助手还需要照看整个教室里的其他孩子，我们肯定会错过孩子之间的某些有问题的互动。

实际上，教师四处走动和开展艺术活动并不矛盾。我鼓励教师将艺术材料放置在外，这样孩子们就可以在自由游戏时按自己的意愿进行制作。当教师更多地与儿童一起游戏、交谈时，霸凌发生的可能性就会降低。

在一日生活中的过渡环节，也容易发生霸凌行为。教师可以在过渡环节将孩子们两两配对，通过歌曲或游戏进行过渡。我工作过的大多数托幼机构的班级里都有"过渡袋"或"过渡盒子"，里面装着图书或磁性玩具。这些物品让孩子们在过渡环节有事可做，这样他们就顾不上欺负他人了。

## 🏷 不听话，不服从，反抗，不愿参与

每当我跨进 2 岁学步儿的教室，我听到的第一个字往往是孩子们响亮的"不"，我甚至还没有要求他们做任何事呢！应该说，不听话、不服从、反抗和不愿参与，在儿童早期非常常见，是儿童的独立性及其与他人合作能力发展的重要表现。但是，当这种行为发生的频率提高时，教师就有必要花时间思考孩子可能在用这种方式传递什么信息。

> **练习 5：找出不听话和类似行为的原因**
>
> 在纸上尽可能地列出孩子不顺从的所有原因。以下是一些可能的原因：
> - 耳部感染
> - 听觉信息处理存在问题
> - 对下一个活动感到困惑或焦虑
> - 活动无聊或不具有发展适宜性

想想孩子们经常拒绝完成的任务或指令。这些任务或指令有共通之处吗？你能改变任务，让它们对孩子们更有吸引力吗？如果想让孩子们洗手，但只是给出简单的指令，你认为效果会如何呢？肯定不好！相反，我会拿出泡泡机，边吹泡泡边走到水池边，并让他们制作自己喜欢的泡泡。同样，当某个孩子爬到桌子底下时，你认为我说"从桌子下面出来"，效果会如何呢？（好吧，我以前一直这么说，但根本没用，我现在不这么说了。）如果我看到一个孩子在桌子底下，我会问他是一只鸟还是一条蛇。然后我让他给我展示一下那种动物是如何运动的，因为我知道——但是孩子不知道——桌子下面没有足够的空间，所以他必须钻出来才能展示给我看。这些策略有助于与儿童建立联系，而不是直接给出指令。如果孩子们觉得这样做非常有趣，他们就会听从你的建议。爱儿童是实现教导的唯一法宝。

## 影响这种行为的因素

### 家庭因素

梅琳达·莱迪（Melinda Leidy）和她同事的研究表明，积极的家庭教育与良好的家庭凝聚力有利于9—12岁儿童发展社会责任感。对于幼儿而言，这种家庭的作用似乎并没有多大。幼儿完成任务时屏蔽不相关信息的能力仍在持续发展中。德博拉·皮尔逊（Deborah Pearson）和戴维·莱恩（David Lane）的研究表明，幼儿的注意力会随着年龄的增长而不断提高。此外，教室对于幼儿而言，可能是他们第一个离家后不得不遵从成人要求的场所。学校的组织结构与家庭环境存在较大的差异。例如，教室里可能充满各类分散注意力的刺激物，幼儿需要记住指令与规则，需要通过小组合作进行学习等。

### 环境因素

如果幼儿不听从你的指示，那么你可能需要改变自己"发号施令"的方式。这里有一些你可以参考的方法，比如，在给孩子"指路"之前先引起他们的注意。无论你给出什么指示，都要先与孩子们建立一定的联系。例如，我可能会与孩子进行眼神交流，轻触孩子的手臂、肩膀，或者使用手势、歌曲等吸引他们的注意力。值得一提的是，唱歌是我最喜欢的交流方式之一。学者维农·阿卢里（Vinoo Alluri）等人的研究表明，音乐能激活大脑中大规模的工作网络。如果有目的地使用音乐，它将成为极佳的教育工具。事实上，音乐比其他任何互动都能更有效地激活人类的大脑。因此，将你的"指示"唱出来，说不定可以与孩子建立更亲密的联系呢！

你们中的一些人可能在想："安杰拉，我看起来像碧昂丝[①]吗？只要我一唱歌，窗户就会裂开！"好消息是，你不必成为碧昂丝。你可以选择简单而熟悉的歌曲作为首选曲调，根据你想让孩子们做的事情改编这首歌的歌词。有些人会改编《划，划，划小船》《幸福拍手歌》或《兄弟雅克》（*Frère Jacques*）等歌曲。我选择改编 Salt-N-Pepa[②] 的《推它》（*Push It*）：

来洗手吧。

好好洗一洗！

来洗手吧。

把手洗干净！

好的指令通常包括视觉、听觉、动作等提示。你可以通过唱歌或讲故事的方式告知孩子你想让他们做什么，尽可能让你的指示变得有趣！如果你整天都在试图控制孩子，你就永远没有机会融入他们的活动。试着加点动作或舞蹈，用可视化的方式，如图示或图表等，将任务步骤具体化。

记住，"不服从"这个词往往表明一个人实际上已经掌握了"服从"的能力，正如我们在第五章中了解到的，幼儿的"服从"能力仍在发展中。儿童

---

① 碧昂丝·吉赛尔·诺斯（Beyoncé Giselle Knowles），美国女歌手、演员，1981年9月4日出生于美国得克萨斯州休斯敦市。——译者注

② 美国著名的女子说唱组合，成立于1986年。——译者注

"服从"的程度取决于教师如何使用积极的策略与其互动。如果一个孩子最终选择服从，那就意味着教师采取了有效的指导策略——你基本上总能找到一个有效的技巧来说服孩子做你要求的事情。正如贾森·唐纳（Jason Downer）和他同事以及约翰·凡图佐（John Fantuzzo）、马洛·佩里（Marlo Perry）和保罗·麦克德莫特（Paul McDermott）所指出的那样，这种策略往往是自我导向的。例如，如果你想让孩子们排好队，那么你可以问问他们是想像兔子一样蹦跳，还是想像在钢索上踮着脚尖走。如果孩子们不服从，那就不要把重点放在改变孩子上，而应该思考改变活动方式，使其更具针对性。

你们中的一些人可能会想："如果不强迫孩子们服从我们的指令，他们最终又将如何学会服从呢？"研究表明，"服从"不是我们可以通过强迫获得的，它实际上是一种自然的力量。海迪·加林斯基（Heidi Galinski）和克莱尔·科普（Claire Kopp）的研究表明，随着儿童年龄的增长和大脑的成熟，他们逐渐从外部控制转向内部控制。就像我们不能在三四岁的孩子还没有掌握适当的运动技能之前，就强迫他骑自行车一样，我们也不能在孩子还没有掌握适当的自我调节能力之前就强迫他服从。在此之前，我们能做的就是提供支持，帮助幼儿掌握相关技能，并随其发展，慢慢地撤除支架。我们需要到六七岁时才能掌握骑自行车需要的所有技能，儿童也需要 6—7 年的时间来学会服从。如果孩子从来没有适当的锻炼、独立的尝试、成人的支持，他就不会在六七岁时骑上自行车，这同样也适用于遵守规则。

### 案例分析 4：书面拒绝

在许多年前，我曾为一名叫奥利维娅的幼儿园教师提供咨询服务，她告诉我，她非常担心班上的几个男孩。他们从来不参加班级里组织的前书写活动，但是第二年他们就要进入学前班，肯定会落后于其他人。"那你目前是如何组织前书写活动的呢？"我问。奥利维娅说她为这些孩子准备了写字台，但那些男孩就是不愿意去，即使奥利维娅强迫他们坐在那里，他们也只是玩玩材料而已。

接下来，我问她男孩们的兴趣是什么。奥利维娅说，像大多数男孩一样，他们喜欢超级英雄，喜欢长时间待在水桌旁。

基于奥利维娅的观察，我建议她在前书写活动中加入感官或超级英雄的元素，这样就可以让男孩们更专注于前书写活动。奥利维娅决定制作一个感官盒，同时鼓励儿童戴上眼罩进行前书写活动。感官盒里有岩石、小草和树叶等自然物品。结果是，孩子们戴上眼罩，专注于触摸各种物品，奥利维娅需要做的就是鼓励他们谈论自己的发现，帮助他们将这些发现记录下来。通过观察，奥利维娅能够跟随孩子们的兴趣，引导他们朝着预定的学习目标不断迈进。

### 其他因素

正如我在本章开头所言，挑战性行为可能是身体问题的信号。不服从，可能就是儿童听觉、视觉或其他感官障碍的表现。部分儿童在一大群人中很难遵从指令，因为环境中存在着大量的干扰因素。其他儿童可能在快速处理言语或指令方面存在困难。记住，要关注此类现象，努力查找这些行为背后可能的原因。

## 缠人、哭泣和发脾气

如果你的教室里充满了哭喊、尖叫、胡言乱语、流涕、扭身、挥拳、撞头、缠人等现象，千万不要奇怪，你并不是唯一一个遇到这些情况的人。正如我们在第五章中所指出的，这些行为并不意味着孩子被宠坏或表现失常。他们只是在经历儿童发展的正常阶段。

> **练习6：找出缠人、哭泣和发脾气的原因**

在纸上尽可能地列出孩子缠人（字面意义或比喻意义上）、哭泣和发脾气的所有原因。以下是一些可能的原因：
- 家里有了新成员
- 家庭成员工作时间的变化

- 教室里的新教师
- 感官超载①
- 长牙
- 感冒
- 其他身体问题（如在第二章中提到的我女儿的斜颈和反流问题）

## 影响这些行为的因素

### 家庭因素

教师不应期望所有家长会自然而然地知晓如何积极应对儿童的哭泣或发脾气行为，尤其是当他们缺乏儿童发展的相关知识时。即使是处在同一个家庭的不同成员，也会对管教有不同的看法。长时间工作或在工作之余还要学习，可能会给家长增加额外的负担和压力。罗伯特·福克斯（Robert Fox）、唐纳德·普拉茨（Donald Platz）和凯瑟琳·本特利（Kathleen Bentley）指出，年龄较小、受教育程度较低、收入较低、多子女家庭的父母，使用正面管教策略教育子女的情况较少。因此，当孩子哭泣或发脾气时，家长可能需要大量的外部支持，以帮助他们顺利地度过此发展阶段。我建议教师每年年初都花点时间和家长谈谈孩子们的暴怒行为及其应对策略。

### 环境因素

如果幼儿缠人、哭泣或发脾气的行为在教室里多次发生，试着回想一下究竟是什么事件引发了此类行为，尝试着处理这些事件，这可以说就是幼儿课程计划的全部内容！要知道课程计划并不仅仅是罗列出那些看似很酷的活动，它同时也包括对挑战性行为的预测和介入。挑战性行为不会破坏你的课程计划——它们应该是课程计划的重要组成部分。

---

① 感官超载是指个体在接受过多的感官刺激时，无法有效处理和应对的状况。——译者注

因此，如果一个孩子在每天来园的时候和活动的时候都非常健康，那么，至少他是始终如一的。当儿童哭泣时，教师必须控制自己的不良情绪，这样我们才能积极应对。作为教师，我们具备反思和计划的能力，我们必须把注意力转移到理解孩子行为背后潜在的意图上，然后利用观察所得有意识地引导其远离挑战性行为。

在做咨询师期间，我经常和孩子的照护者进行交流。他们担心如果对幼儿的每次哭泣都做出回应，最终会导致孩子娇生惯养，以至于不小心碰到脚趾都会引来不停地哭泣。教师们想了解如何平衡一个经常哭泣的孩子和教室里其他大多数孩子的需求。在这种情况下，你可以使用课程计划。大多数教师倾向于把课程计划视作书面工作，但在《福布斯》（Forbes）的一篇文章中，马克·墨菲（Mark Murphy）提醒我们，把事情写下来会让你更有可能去实施它。这也就是说，课程计划可以帮助你确定儿童哭泣的时间，选择应对策略，同时确保所有儿童的需求都得到适度的满足。如果你的工作对象是经常哭泣的婴儿、学步儿，那么这个技巧尤其管用。

教育工作者和心理治疗师经常担心：如果我们将关注点集中在儿童社会情感发展上，是否会导致其认知发展与学业学习机会减少？实际上，高质量的教育活动必然包含学术学习和社会情感发展。例如，给孩子的感受贴上标签，并提出诸如"我们能做些什么让你感觉好些"之类的开放性问题，同样有利于儿童语言和问题解决能力的发展。通过涂鸦让儿童冷静下来，也有助于其精细动作的发展；让儿童数一数镇静篮里物品的数量并对其特征加以描述，有利于儿童发展语言、数学技能。你不必为了应对社会情感挑战而牺牲儿童的学术学习。

### 案例分析5："11:30会发生什么？"

在一次研讨会上，一名教师问我该如何应对埃琳娜经常发脾气的状况。我开始询问教师相关情况。她说，埃琳娜每天一到11:30就会准时地发脾气。研讨会上的所有人都对这个小女孩产生了好奇，甚至在我提出建议之前，他们就开始试图找出埃琳娜行为背后的原因。他们提问并猜测："11:30 发生了什么？""埃琳娜困了吗？""也许她饿了。"我们一起想了很多主意，供这名教师尝试。

- 准备一张小床，让埃琳娜打个盹。
- 给埃琳娜准备一份零食。
- 帮助埃琳娜适应通常在 11:30 进行的活动。
- 进行有助于埃琳娜安静的感官活动，如将薰衣草提取物挤入水桌。
- 把儿童分成若干小组。
- 确保埃琳娜没有感官超载。
- 唱埃琳娜最喜欢的歌。
- 为埃琳娜提供一个镇静篮，里面装有其家人的照片。
- 拥抱埃琳娜。
- 准备好埃琳娜最喜欢的活动或玩具。
- 安排另一名教师进入教室。

在 11:30 带着埃琳娜和她的朋友在房间外散步（这场散步是事先计划好的，而不是对埃琳娜发脾气的惩罚），我们认为也是可行的。换句话说，因儿童发脾气而把他们带离教室属于排他性管教[①]，但在孩子发脾气之前就安排好散步活动，实际上是一种个性化教育计划。

---

① 排他性管教是指在某些情况下，为了达到一定的教育目的，父母或其他照护者会采取一些特殊的教育方式，如体罚、责备、禁止某些行为等，以使儿童认识到自己的错误并改正行为。——译者注

## 当你努力寻找挑战性行为背后的意义时

利用本章提及的信息，你能够很快地发现儿童挑战性行为背后的原因。但是，当一种行为变得频繁或愈演愈烈时，或者当家长和教师对其可能意味着什么感到困惑时，我们就有必要采取系列化的举措了。当以上情况变得愈加复杂时，我们更需要深入思考。

就像翻倒的洗衣篮，儿童的挑战性行为往往令你心烦气躁。你可以通过"功能评估"来确定儿童产生挑战性行为的原因。正如特伦斯·斯科特（Terrance Scott）、彼得·奥尔特（Peter Alter）和凯瑟琳·麦奎兰（Kathleen McQuillan）所解释的那样，功能评估有助于你识别行为与其发生环境之间的关联，即帮助你找到儿童挑战性行为背后的真正原因。

### 使用意义生成图

还记得成人行为清单里的"赋予行为以意义"吗？本书的附录 D 提供了一个相关的功能评估工具。我设计它的目的是帮助教师对孩子们的挑战性行为进行分类，以便更清楚问题所在。部分挑战性行为可能需要多次使用意义生成图。此外，由于儿童、行为和它们之间的关系并不是静态的，因此，你应该时时使用意义生成图（或你决定使用的任何工具）进行评估。在实践中我发现，每 4~6 周运用意义生成图进行反思，可以帮助教师、儿童照护者和家长了解儿童的行为问题是如何随着时间的推移而增长、变化或消除的。

那么，如何有效地使用这个工具呢？这不是一个线性的过程。意义生成图应先从 A（antecedent，先前的情况或前事）部分开始，这个部分强调行为发生的背景。但大多数教育工作者会从 B（behavior，行为）部分开始，因为行为更容易被大家看到。事实上，我发现从 A 部分开始往往会让教师感到沮丧，从而终止整个过程，因为他们大多更渴望谈论 B 部分。

以下是每个部分的内容。

- A部分主要描述背景信息。考察所有适用于你正在分析的情况的条件。如果这些选项都不适合，那就在空白处简单地描述一下该行为发生之前的情况。
- B部分主要描述行为本身，发生了什么，发生的频率，持续的时间，以及强度等。你可能需要单独的检核表进行详细地追踪、记录（我们稍后将在本章讨论这一工具）。至于记录儿童的兴趣和优势，我们稍后会说明原因。
- C（consequences，结果）部分主要描述行为的结果，或者儿童出现挑战性行为后发生的事。这不是要你描述自己对儿童的惩罚措施，而是要你列出其他儿童（如果你在教室或集体活动环境中）与成人对此行为的反应。
- "行为目的"部分帮助你判定挑战性行为背后的原因或目的。所有目的都可以分为两类：一类是获得某人的关注或做某事，另一类是回避某人或避免做某事。
- "生活方式的改变"部分提醒我们关注那些可能影响儿童行为的生活事件。

请记住，儿童的挑战性行为非常复杂，通常我们不能将其简单地归因为某个单一的因素。这五个因素（先前的情况、行为、结果、行为目的和生活方式的改变）有助于你更好地理解儿童挑战性行为背后的原因。

在功能评估上究竟要花费多少时间，取决于问题的复杂程度。你是否在用去污剂时，因动作太快，在去污剂起作用之前就把衣服扔进了洗衣机？这与功能评估类似。就像顽固污渍一样，复杂的挑战性行为需要你花费更多的时间来理解。我发现，教师们如果同时填写一份意义生成图，并相互分享，那么取得的成效最好。你当然可以自己使用图表，但在团队的帮助下，你能更快地了解孩子的情况。

如前所述，B部分包括对孩子的优势和兴趣的记录。你可能会感到困惑：为什么要记录孩子的优势和兴趣？记录的重点难道不应该是找出问题吗？原因很简单，要让孩子听从你的指导，帮助其改善行为，你就必须与孩子建立积极的联系。通过寻找那些身陷困境的孩子的优势和兴趣，你将发现与其建立良性互动的更好方法，同时为其提供必要的帮助。正如格伦·邓拉普（Glen Dunlap）和利斯·福克斯（Lise Fox）所指出的，这种逻辑模型有助于教师分析所有可能影响人类行为的可观察变量。学者安杰尔·费蒂格（Angel Fettig）和埃琳·巴顿（Erin Barton）也明确地指出，这些变量可以像拼图一样系统地组合起来，帮助我们确定儿童出现挑战性行为的原因及影响行为发生的环境条件。这个过程可以指导你找到线索，帮助你理解挑战性行为背后的原因，以及孩子的行为传递着什么信息。

你可能会想："但是，安杰拉，我觉得这根本没有什么意义！孩子做这些事可能毫无理由。"我从来没有说过这个"意义"很容易被我们找到或合乎逻辑。本章前面部分的信息可以给你一些启示。我们要学会像孩子一样思考："有时候我打人是因为我生气了；有时候我打人是因为我很沮丧；有时候我打人是因为我牙痛；有时候我打人是因为我觉得老师额头上的痘痘冒出来很有趣！"严格来说，挑战性行为往往预示着孩子需要医学治疗或精神支持，但有时行为的原因真的完全不合逻辑。

### 案例分析6：3岁逻辑（或缺乏逻辑）

我曾带过的班级里有一个名叫吉特的3岁男孩，顺便说一下，吉特是我班上年龄最小的孩子。他理所应当地认为教室里的所有玩具都是他的，所以他会踢、打、扔这些"属于"他的玩具。当教师通过训斥或禁止的方法来干预时，吉特只会表现得更加沮丧和困惑。在他看来，教室里的所有人都有问题：他们总是拿走他的玩具！

我们先前学到的关于发展适宜性行为的知识，可以更好地帮助我们理解这种情况。3岁的儿童以自我为中心。大脑中允许他们进行逻辑思考和控制情绪的部分，直到3岁左右才开始发育。大多数儿童在学龄前都无法持续地进行自我调节，即使他们到了上学年龄，这些技能也需要至少 20 年的时间才能完全被他们熟练掌握。所以，在教师离开吉特的视线后，吉特想玩蓝色汽车而他的同伴手中正好有一辆，或者其他同伴在集体活动时间不小心触碰到他，都可能成为他开始在教室里搞破坏或攻击同伴的理由（至少在吉特看来是这样的）。所以，当教师说吉特的挑战性行为没有意义时，他们也许是对的——从成人的视角出发，这种行为可能没有意义，或者完全是非理性的。

### 案例分析 7：改变逻辑

在我担任顾问的另一个班级里，一个叫吉娜的孩子喜欢在集体活动时说"屁股"。她有神经抽搐类疾病，因此当和一大群孩子坐在一起时，她特别容易感到焦虑。当吉娜注意到其他孩子被她的话语逗笑时，她为了引起同伴的注意或当她感到焦虑的时候，她开始更频繁地说"屁股"。这种行为很快就导致课堂教学频繁中断。

为了解决这个问题，吉娜的老师和我先停止了对其挑战性行为的过度反应，例如，表现出生气或震惊，或者明令禁止其无法控制的行为。我们意识到，当吉娜捣乱时，我们给予她关注，实际上就是在无意中强化了她的行为。相反，我们告诉她，她可以在洗手间里说这些话。当她真的在洗手间里说这些话时，我们开始称赞她。这种方法非常有效，如果有任何孩子想说"屁股"，那么他们可以去洗手间里说。在新鲜感消退后，孩子们就不再说这些话了，事实证明这的确是一个有效的策略。

吉娜的故事告诉我们，挑战性行为可以从某个特定的"意义"开始，而这个意义会随着行为得到的反馈而发生变化。这就是一切变得如此复杂的原因！这就是为什么若不先讨论行为背后的原因，就无法讨论相应的策略。

## 使用行为检核表

弄清楚挑战性行为的频率和强度是非常重要的。你怎么知道某个策略是否有效，某个行为是否得到改善？你需要在解决问题之前就知晓其发生的频率。就像你在减肥时每隔一段时间就会记录自己的体重一样，在帮助孩子改善行为时，你也需要记录他取得的进步。附录 C 提供了这样一个清单，它能有效地帮助你追踪并关注儿童的行为模式及其变化。

## 小　　结

为了帮助儿童消除挑战性行为，我们需要花费时间来思考其背后的意义。如果我们不花费时间了解这些复杂而多维的影响因素，那么即使是最好的建议，最终也可能会产生不好的结果。在很多时候，我们往往是在彻底了解问题之前，就急于给出建议。就像为了清除某些污渍，在你把衣服放进洗衣机之前需要将衣服浸泡一整晚一样，给自己、家长和同事足够的时间去深入了解儿童挑战性行为背后的潜在原因吧。

既然你已经找到了儿童挑战性行为背后的原因，相信你一定已经准备好学习应对这些挑战性行为的策略了。我们旅程的下一站就是根据你所确定的原因选择相应的应对策略。

# 第八章 建立你的背景支持

我们几乎已经准备好开始选择策略来应对孩子的挑战性行为了（同时完成成人行为清单）。虽然你选择的策略和方法具有独特性、针对性，但任何人在面对孩子的挑战性行为时，都需要一定的背景支持，以便获得成功。由于这些支持对每个人来说都非常相似，因此，我们将先讨论这些支持，再讨论具体的策略。

## 确定你的行为评估系统

在开始选择策略前，你需要明确跟踪这些策略实施效果的方法。只有这样，你才能确定它们是否有效。为此，你需要确定自己的行为评估系统。你可能会说："真的吗，安杰拉？我已经有太多事情要做了，尤其是文案工作！"相信我，我知道这种感觉。这个系统之所以重要，就是因为当我们思考一项活动是否值得自己为之付出努力时，我们往往是注重细节的自我激励者，却缺乏详细的流程图或决策树[1]。这种情况在其他教学场景中也常常发生，例如我们会问自己："我真的有足够的钱为孩子们买更多的书吗？""我需要分层吗？"对于儿童的挑战性行为，除了写一份报告并通知家长外，我们还需要有明确的分步过程和程序。标准化的程序有助于工作人员统一认识并保持相对一致，也有助于确保孩子获得公平对待。

---

[1] 决策树是一个利用像树一样的图形或决策模型的决策支持工具。——译者注

## 行为评估系统的组成部分

行为评估系统应该包括哪些内容？每个系统可能都是独一无二的，因为儿童、成人的需求各不相同，行为发生的地点、情况也千差万别。但是，所有的行为评估系统也存在一些共同的要素。

**明确挑战性行为的定义**

我们知道，同样的行为对不同的人而言，意义可能并不相同。不同的人对不同的行为，其容忍度也存在着差异。家长可能看不到某一特定行为的严重性。管理人员也可能不理解为什么某种行为是有问题的。有了明确的定义，大家才能达成共识。

**明确系统的激活阈值**

有时，忽略是消除挑战性行为的最佳策略。在其他情况下，成人需要通过激活行为评估系统来消除这种行为。

那么阈值在哪里呢？选择一个一致的、可测量的阈值，所有人都可以很容易识别，例如，"如果一个不受欢迎的行为在两天内连续发生了五次，我们就将其认定为挑战性行为，并开始解决它"。在我参与过的一个项目中，大家决定在第三次行为事件发生后激活系统。如果没有一个具体的标准作为指引，教育工作者往往会等到挑战性行为严重失控时才寻求帮助。此时，这些行为已经严重扰乱了课堂秩序，局面几乎无法挽回。

**灵活运用策略**

情况各不相同。有时挑战性行为只是暂时的（例如，当孩子的父母不在家时，他的日常生活可能会有细微的变化，或者孩子在试探父母对其行为的容忍度）。如果成人将长期策略应用于短暂性的行为或者将短期策略应用于持续性的行为，那么可能会使情况变得更糟。你应该提供易于理解的步骤，以帮助其他教师确定问题的严重性以及如何处理严重程度不同的问题。

**清楚地了解谁参与其中**

教师是最有可能激活行为评估系统的人，但不应该孤军奋战。其他教师、教辅人员、行政人员、医务人员和心理健康专家都应该出力。他们需要讨论相关事宜，例如，哪些人应该加入团队，在什么情况下加入，以及各自扮演什么角色等。组建团队后，我们还需进一步明确如何相互配合，以及由谁来负责处理哪些行为问题。

如果可能，让孩子的家长参与你的工作，这样家长就可以提出自己的意见。我们欢迎家长参与每一个步骤——毕竟我们都希望孩子得到最好的教育。但是，你可能会发现家长只参与了流程的某一部分，而没有参与另一部分。这没有关系。对家长来说，参与基于行为评估系统的工作可能是一种全新的、令其生畏的体验。

即使家长拒绝参与，你也可以通过其他方式确保教师获得支持。例如，如果家长不同意孩子接受心理健康评估，心理健康咨询师依然可以通过对课堂进行整体观察，为教师提供支持性建议。

**明确记录和报告的程序**

你最不想做的就是，在你需要做的事情清单上添加不必要的文案工作和会议。这个系统的目的是让你的工作更轻松，而不是更困难。因此，为了完善行为评估系统，你要明确需要填写的表格、撰写的报告或其他文件，以及它们的用途。你还需要明确上报的流程：谁向谁报告，报告中必须包含哪些信息，什么时候报告等。例如：你可以让教师为每个事件填写一份表格，以提供相关的书面记录；或者你可以让教师在一张图表上记录某一行为在特定时间内的总体情况。你可以要求教师每周与行为改善小组讨论填写好的表格，然后将其交给主管。

**案例分析1：设计行为评估系统**

2004年，我参与了芝加哥市的"开端计划"项目，专门为其中的一个学校设计了一套行为评估系统。在此之前，我也了解过其他系统。我决定在新的系统中避免出现以往系统存在的缺陷。因为我曾经是一名教师，所以我知道教师们都很忙（你能给我做证吗？），他们需要一份能让人对新系统一目了然的材料。所以我们把新系统简化成一张图表，方便大家理解。作为一名教师，我也曾被淹没在"白色表格"的海洋中，因此我们用颜色标记内容，便于区分。

我们花了一年的时间设计新系统。然后，我们又花了几个月的时间在教室里试用该系统，获得反馈并对其进行调整。再然后，我们又花了几个月的时间向全体教职工介绍该系统，以获得更多的反馈，并进一步完善系统。最后，我们又花了几个月的时间让全体教职工适应新系统。

有趣的是，有了这个新系统之后，管理人员注意到教师们不再抱怨，而是开始解决问题。每个人都清楚地认识到，教师们似乎从来都不缺乏主动性，实际上真正有问题的是领导层缺乏清晰的思路和框架。由于有了明晰的框架和具体的指导来帮助教师们积极应对孩子们的挑战性行为，教师们的行为也随之发生了变化。

我知道你现在在想什么："在填写所有新表格的时候，教师们会不会有抵触情绪？"没有！因为这些表格都是教师帮忙设计与制作的，他们对这些表格拥有所有权，并且知道如何使用。整个过程进行得非常顺利，以至于这个项目在社区中声名鹊起——它在消除孩子的挑战性行为方面非常有效。

受这一成功案例的启发，另一个"开端计划"学校打算直接引进这个系统，并在全校范围内推广使用。你猜猜发生了什么？他们居然没有成功。这就是当你应对挑战性行为时，"根本没用"的情况出现的原因！这并不意味着策略本身不好，而是因为你没有根据情境的差异调整策略。这就像你用饼干切割器来雕刻木头一样，即使有结果，也很可能不尽如人意。在两个"开端计划"学校的案例中，借用的行为评估系统其实从未在第二个学校得到真正的落实，因为第二个学校的领导者和工作人员较之于第一个学校，并没有这个系统的物主身份。

## 谨慎实施

设计自己的行为评估系统很重要,但它并不是万无一失的。让我告诉你,在我的经历中,这个方法有时有效,有时却适得其反。

- 当管理人员先让一名自愿参与的教师试用新系统时,这个方法就会奏效。如果没人愿意,那么管理人员可能就需要改善与教职工的关系了。如果管理人员复制了新表格,在没有征求任何意见的情况下直接下发给教职工,那么这个方法往往会适得其反。

- 当试点班级能够尝试使用新表格并提出反馈意见时,这个方法就起作用了。并不是所有的反馈意见都需要被采纳,但至少应该使教师们觉得修订后的新表格使用便捷且有效。如果管理人员只是简单地将新表格下发给教师,命令他们使用,而不征求其意见,也不修改完善表格以适应特定课程的需要,那么这个方法就会适得其反。

- 当管理人员审视整个行为评估系统,并将其与其他策略有机整合时,这个方法就会奏效。例如,某个学校目前正在使用《年龄与发育进程问卷(第三版)》(*Ages and Stages Questionnaire*, third edition)筛查社会情感发展迟缓的儿童。他们没有统筹安排,而是直接引进新系统。当文案工作出现冗余时,这一方法就会适得其反。

- 当管理人员随着时间的推移不断强化新系统,为教师提供必要的支持,并对其实施所需的时间抱有合理的预期时,这个方法就会奏效。例如,如果管理人员得知教室里发生了人身攻击事件,他就会问教师:"你在行为评估过程中处于哪个阶段呢?"这种对话在几个月内会反复进行。如果管理人员没有把新系统放在首位,没有始终如一地支持新系统的实施,并且对时间抱有不切实际的预期,那么这个方法就会适得其反。

- 当管理人员以身作则,希望教师表现出他们期望看到的行为时,这个方法就会奏效。领导越开明、越愿意倾听,教师就越开明、越愿意倾听。

如果管理者的角色是发号施令者，而不是支持者，那么这个方法就会适得其反。

每个项目都具有独特性，只有你和你的同事知道什么最适合你们。此外，系统的好坏在一定程度上取决于成员是否愿意始终如一地执行它。

## 实施策略的原则

有了恰当的行为评估系统，你可以说已经准备好实施特定的策略和方法了。无论你选择哪种策略和方法，本节中的原则都将帮助你成功地实施它。

### 匹配

从某种意义上来说，你正处于消除孩子们的挑战性行为的旅途中，而这本书就是你的 GPS①。但和 GPS 一样，我不一定掌握你的最新情况，所以你要保持头脑清醒。不要因为某个观点在本书中出现了，就盲目地追随它。就像带进教室的教学材料一样，你必须把每个策略和方法与你的需要和情况相匹配。

- 修改策略，使其符合项目的文化背景。
- 调整策略，使其符合自己的背景、兴趣和优势。
- 考虑行政和教学团队的优势和需求。
- 根据你所服务的儿童和家庭的优势、需求来优化策略。
- 讨论如何修改策略，以符合课程、许可制度或评估标准的要求。

---

① 英文全称为"Global Positioning System"，译为全球定位系统。——译者注

## 试一试！

当教师说"我已经尝试过这个想法了"或"这行不通"时，他们其实并不是在谈论策略本身，而是在努力描述自己实施该策略时所遇到的困难。作为一名顾问，我经常发现教师们已经采用了一些很适宜的策略，但往往在策略发挥效用之前就放弃了，或者他们没有始终如一地实施这些策略。可见，问题的关键并不是策略行不通，或者关系不起作用。我们需要通过以下努力促使这些策略发挥作用。

- 有意愿尝试新的策略，并持续评估其实施质量。
- 经常使用策略，这样你就会熟能生巧。
- 与同事一起利用客观数据（没错，就是数据）对结果进行反思。
- 关注进步，勿求完美。请基于数据和课堂的独特要求，缓慢地、有意识地调整策略。

除非将行动策略与你的课堂相匹配并付诸实践，否则你很难取得成功。

### 案例分析2：视觉灾难

在许多年前，当我还是一名教师的时候，我参加了一个关于使用"可视化策略"来消除挑战性行为的研讨会，回家后我非常兴奋。我花了一个周末的时间制作了非常棒的可视化图卡，还把它挂在了自己的钥匙圈上。当我周一到学校的时候，我真希望有人捣乱，这样我就可以试试我的新策略了。

突然，我的机会来了！塔米像往常一样开始了她的挑战性行为，我准备好了钥匙圈。但意外突然发生了——我居然找不到自己想要的可视化图卡了！我疯狂地翻动着钥匙圈上的30张卡片，试图找到我想要的那张卡片，而孩子们都盯着我看。

最后，我居然笨拙地把整个钥匙圈掉在了地上！还没等我捡起钥匙圈，塔米就抢先一步拿走了我珍贵的可视化图卡。她咧着嘴大笑，像个职业运动员一样直接把我的钥匙圈扔进了马桶。在她跳舞庆祝的时候，我把湿漉漉的可视化图卡从水里捞了出来。

我从这次经历中学到了什么呢？

- 所有的可视化图卡都要过塑，以确保其耐用。卡片纸经不起手快的孩子的折腾。
- 每次只向孩子介绍一两个新概念。一次引入太多概念，会让所有人（包括你在内）都感到手足无措。
- 在孩子平静的时候（事情发生之前）引入新策略，在孩子紧张的时候（事情发生之后）强化新策略。
- 尝试将新策略与孩子们的兴趣联系起来。在这个实例中，如果我把塔米和她朋友的照片或孩子们感兴趣的事物（如他们最喜欢的卡通人物的贴纸等）纳入可视化图卡中，他们可能会对图示更感兴趣。

上述案例并不是说可视化图卡本身不好，我只是不擅长使用这个策略而已！我花了好几年的时间练习这个策略。所以，如果你第一次尝试新策略不顺利，那么请你务必继续。你不能指望孩子（或自己）一夜之间就掌握新技能。

## 一次只处理一种行为

你有没有把所有的脏衣服都塞进洗衣机里去清洗？如果你的洗衣机和我的一样，那么很有可能会发生以下状况：你的洗衣房可能被水淹了；或者你的洗衣机在整个洗衣过程中哐哐作响，仿佛里面装满了用铁链包裹的弹珠和石头；又或者你的洗衣机罢工了。不管怎样，结果就是洗衣机里没有干净的衣服了。

同样的道理也适用于此。我知道，你们中的许多人都想成为"超级教师"，能够解决一切可能的麻烦和问题（大多数教师对此无能为力——这是他们的天性）。但不要试图一次性解决所有问题！我无法告诉你，有多少名与我共事过的教师因试图同时解决太多的难题而变得力不从心。你需要等到一种行为得到解决后，再开始处理另一种行为。我们可以从最具挑战性的行为开始。

## 做好记录

当你尝试新想法时，你可能会遭遇失败和错误——大多数都是失败。能否成功改变孩子的挑战性行为，取决于你能否随着时间的推移而不断调整策略。除非你知道一开始的情况是怎样的，否则你怎么知道如何调整策略呢？通过比较策略使用前的记录和策略使用后的记录，你可以了解自己工作的进展、是否遇到挫折以及取得了多大的进步。使用意义生成图和行为检核表是很好的开始，但你可能还想获取更多的信息，如行为持续的时间，你对该行为的典型反应，孩子的就寝时间与行为发生频率之间的关系等。

良好的记录有助于你与团队成员在使用策略时保持相对一致。一致性是所有教学的关键，在面对孩子们的挑战性行为时尤其如此。你和你的同事可能是这个孩子唯一可以依靠的成人。

## 为自己和同事提供支持

我们称某些行为具有挑战性是有原因的。它们会让成人神经紧绷，失去耐心，甚至觉得做汉堡包似乎也不是什么糟糕的职业。因此，在消除孩子们的挑战性行为的整个过程中，教育工作者和儿童照护者必须相互支持、相互关心。你可以利用本节中的建议来帮助自己坚持下去。毕竟，如果你连自己都放弃了，还有谁能来帮助他们呢？

## 避免过度疲劳

### 对教师而言

让我们为所有没有经历过过度疲劳的教师表示祝贺！我能理解，因为我曾是一名托育工作者。在我的教室里一般情况下有六名婴儿，考虑一下一名婴儿的哭闹程度——更不用说六名了——哭声充满整个教室是常有之事。虽然这很正常，但它确实会对教师的情绪造成影响。我不否认我对孩子的爱，也不否认这项工作给自己带来的压力和体力消耗（你一天中的大部分时间都在地板上度过）。再加上工资低下、社会认可度低等因素，这些都会让教师感到精神倦怠、渴望得到帮助和支持。

当你遇到困难的时候，试着对自己重复下列话语。

- 呼吸！反思！重复！你能行！
- 虽然挑战性行为很难应对，但你更强！
- 它还没有起作用，你不能放弃。
- 这个孩子在用他唯一知道的方式应对世界。
- 明天是新的一天，再试一次。

### 对管理人员而言

谈到管理人员对员工的支持，我的同事帕特·赫斯本德（Pat Husband）说得最好："当所有孩子都在哭泣时，作为管理者，你能做的最好的事情不是去拥抱孩子，而是去拥抱教师。"好的领导不会接手处理孩子的挑战性行为——这种做法可能会破坏或扰乱师幼之间的关系。好的领导会支持他们的员工实施有效的策略。在一次演讲中，本杰明·赞德（Benjamin Zander）明确指出："管弦乐队的指挥不会发出声音。他依靠自身让别人变得更强大。"好的领导就像一个指挥家，指导他人的工作。好的领导也像安全带，在必要的时候为他人提供帮助和支持。试着给你的员工一些建议，帮助他们实现自我价值，反过来他们也会帮助孩子实现自我价值。

- 给朋友打个电话，出去散散步——今晚为自己做点什么吧！
- 你并不孤单。
- 正因为有你，我们才能成功。

## 保持冷静

当孩子发脾气时，你很难不跟着一起发火。以下是一些帮助你保持冷静的方法。

### 对教师而言

让自己"远离麻烦"，对教师而言非常重要。我们需要认识到，一个4岁的孩子可能会因为他人的误解，把玩具扔到你的脸上、向你吐口水、歇斯底里地尖叫，但是他实际上并没有恶意。但如果你不让自己"远离麻烦"，你就会陷入无益的想法（如"这个孩子真的没希望了"）中，这些想法肯定不会帮助你改善现状。

我理解教师的这种挣扎，所以我喜欢分享一些实用的方法来帮助你们重新获得认知上的掌控。例如，我的一名同事在听了我关于儿童哭泣的演讲后，开始在手腕上戴橡皮筋。以后，每当班上的孩子有可能表现出挑战性行为时，她就会扯一下橡皮筋，帮助自己迅速认清现实，保持主动而不是被动。

### 对管理人员而言

管理人员需要营造一种积极的氛围，以便教育工作者、专家和相关人员能够做到以下几点。

- 寻找原因和策略，而不是责怪他人。
- 视挑战性行为为教授新技能的机会，而不是麻烦。
- 对家长表现出同理心。

如果成人正在学习新的策略和方法来应对儿童的挑战性行为，那么他们在掌握、内化这些方法的过程中，必然需要不断的提醒和支持。在成人的视线范围内张贴鼓舞人心的海报，是个不错的方法。

尝试张贴以下标语。

- 冷静的成人＝冷静的儿童

- 向儿童示范你期待的行为。
- 所有的行为都有意义。
- 给情绪贴上标签。
- 回应而不是反应。
- 不良行为——关于这个孩子,我遗漏了什么?
- 这是一个示范的好机会。

# 第九章 应对挑战性行为的策略

本章是我们期待已久的一章。在此之前,我们已经学习了如何理清自己的情绪、如何与家长合作,了解了发展适宜性行为以及创伤性事件的影响,分析了我们遇到的挑战性行为的类型及其支持背景。在本章,我们终于要开始学习应对儿童的挑战性行为的诸多策略了。本章从适用于各种挑战性行为的策略开始,而后逐渐细化到针对特定情境或行为类型的策略。

## 选择一套策略

还记得成人行为清单吗?我们现在已经把"衣服"扔进了洗衣机,准备进入第五步了。

---

**成人行为清单**

1. 理清你的感受。
2. 修复关系中的裂痕。
3. 找到支持关系的策略与方法。
4. 赋予行为以意义。
5. 选择一套策略。
6. 遇到困难时要有耐心。

就像我们在用洗衣机时会根据衣服的材质和污渍的类型选择不同的洗涤模式一样，我们在应对挑战性行为时，也会根据行为的类型、原因及影响因素，选择不同的策略来制订计划。但是如何准确地利用这些信息来选择最有效的策略呢？

多年来，我应对挑战性行为的方法已经从总是想着"你会后悔的"转为多管齐下，具体包括识别行为与其发生的环境之间的联系、向孩子们传授新的技能、调整自身的反应等。当然，并不是每种情况都需要如此复杂的应对策略。但是当孩子们的挑战性行为变得频繁且强烈，以至于影响整个课堂环境、干扰儿童的社会情感发展以及存在安全隐患时，这些策略就显得尤为有效。

以下策略主要来自格伦·邓拉普（Glen Dunlap）及其同事在《预防－教学－强化幼儿：幼儿个性化积极行为支持模式》（*Prevent-Teach-Reinforce for Young Children: The Early Childhood Model of Individualized Positive Behavior Support*）一书中提出的针对挑战性行为的循证干预系统。我根据自己与教育工作者、治疗师和家长一起工作的经验，改编并提炼了相关表述。以下是三类主要的应对策略：①改变自己；②改变孩子；③改变后果。

改变自己是指，成人在挑战性行为发生之前可以采取预防措施；改变孩子是指，教会孩子新的技能以减少挑战性行为的发生；改变后果是指，改变目睹挑战性行为的成人或儿童的反应。

以上每一类策略都包含多种适用于不同类型挑战性行为的具体策略。你可以使用意义生成图和行为清单上的信息帮助自己选择适用于某种情境的最佳策略。为了获得最佳效果，你至少应该从每个类别中选择一个策略。如果你把所有的努力都集中在某类策略上，你的干预可能不会那么有效。

## 改变自己

改变自己策略是指通过改变你与孩子对话的方式、开展个性化活动、改变教室环境、调整一日作息等，最大限度地减少挑战性行为发生的频率。以下是改变自己策略的部分实例。

- **以积极的言语告诉孩子什么该做、什么不该做。**要说"请保护好水桌上的水",而不是说"不要把水溅出来"。
- **让孩子选择活动的顺序。**使用带有各类型活动图示的骰子或卡片,让孩子决定下一步做什么。在活动中,你可能会听到教师说:"这是艺术区的图片,不错的选择啊!"
- **使用计时器显示活动的时间。**你可以说:"现在我要把计时器调到 10 分钟。当你听到'叮'的一声时,你就知道我们要收拾积木了。"
- **在活动结束前预先通知。**在游戏场所呈现一个指示牌,告知孩子们活动会在 5 分钟后结束。
- **花更多的时间与孩子积极相处。**通过玩游戏、读书、讲笑话、一起吃零食或者做一些其他的事情来修复、增强你们之间的关系。
- **提前解释规则,使用可视化图卡提醒孩子遵守规则。**
- **每日示范规则。**如果你想让孩子们把美术用品收拾好,那就要身体力行地帮助他们。如果你不想让孩子们在室内大喊大叫,那么你就要轻声细语。
- **使用"首先-然后"的表述。**在"首先-然后"的表述中,你可以先说明想让孩子们做什么("首先"),然后说明他们会因服从而获得的奖励("然后")。例如"先去洗手,然后我们就可以吃点心了"。
- **活动安排考虑孩子的兴趣。**如果孩子们喜欢昆虫,那么你就可以读一本关于昆虫的书,并和他们一起到户外寻找昆虫。
- **在活动中加入可以调动感官的材料或动作。**例如,在读故事时,给孩子们一些飘带,当他们听到故事中重复的短语时,他们就可以挥动这些飘带。
- **转换到弱刺激的环境中。**如果你发现孩子们被空调的噪声或音乐区的声音干扰,那么你可以去图书区与孩子们共读绘本。
- **更改活动场所。**将集体教育活动从室内更换到室外,或者调整活动室以腾出更多的空间。

- **遮盖诱惑物**。如果孩子们不断地把禁止使用的物品从置物架上拿下来，你可以在置物架上盖上毯子，这样孩子们就看不到诱惑物了。
- **向孩子提供可以打或咬的物品**。如提供鼓或牙胶棒等。
- **减少等待时间或使其有趣**。例如，在等待午点时，唱首歌或玩手指游戏。如果某个孩子还是无法等待，那么可以先安排他进行下一个活动。
- **表演故事**。如果某个孩子在听故事时很难静坐，那么你可以邀请他在你读故事时为大家表演。
- **让孩子们边听故事边涂色**。
- **用玩偶吸引孩子的注意**。例如，在讲故事时将玩偶放在手边。
- **让孩子站着学习**。
- **将一日生活流程做成图片发给家长**。家长可以利用这些可视化图片帮助孩子练习常规。
- **增加感官休息**。如果孩子们在集体教育活动中来回扭动身体，那么你可以暂停并休息一下；如果孩子们在小组游戏中意兴阑珊，那么你可以和他们做"摇晃"游戏（站起来晃晃脑袋、手臂和肩膀）。

## 改变孩子

改变孩子策略是指教会孩子新技能来取代挑战性行为，而不是将他们与情境隔离。教师经常使用图书、歌曲、游戏和活动教授学术技能，同样也可以通过有意识地使用多样化的方法来教授社交技能。

- **教孩子冷静的技巧**。例如，使用"塔克乌龟法[①]"。
- **用故事教孩子掌握新技能**。想想你希望孩子学会的技能，与孩子一起创

---

[①] 一种帮助儿童管理情绪的方法，包括三个步骤：认识自己的情绪、缩进"龟壳"深呼吸、找到解决问题的办法。——译者注

作一个小故事来解释如何使用这项技能。

- **用歌曲或玩偶教孩子做事**。例如，在小组时间，拿出一个玩偶。与《芝麻街》（Sesame Street）类似，让玩偶展示"错误的技能"（即挑战性行为），然后教玩偶做正确的事情。
- **教孩子用手语或可视化图卡进行交流**。例如，如果一个孩子每次需要帮助时都大声尖叫，那么这说明他正在努力用言语来传递信息。我们可以教他说："请帮助我！"当他无法用言语表达时，我们可以鼓励他用手语表示"求助"；或者制作一张画有心烦意乱、需要帮助的人的卡片，告诉孩子，当他需要帮助时，他可以出示这张卡片。
- **通过游戏教会孩子技能**。例如，通过将各种面部表情图片与带有文字说明（如"悲伤""开心"等）的情绪卡通图像相匹配，帮助孩子学会理解他人的情绪；或者用不同的面部表情图片制作一个情绪骰子，让孩子掷骰子并解释他看到的情绪。
- **用图片教孩子做什么与不做什么**。例如，制作一本书，孩子可以通过此书在绿色背景下查看正确使用解压玩具的方法，在红色背景下查看错误使用解压玩具的方法。
- **教孩子走开**。歌曲《幸福拍手歌》非常有用，你可以把它改编为"如果感到生气，你就走开"。
- **用游戏教孩子解决问题**。

## 改变后果

改变后果策略是指改变目睹挑战性行为的成人或儿童的反应。这不是惩罚——它恰恰是强化适宜性行为的方法。例如，相较于因孩子说脏话而把他们赶出教室，你更应与同事一起向孩子们展示表达沮丧或获取注意的恰当方法。我们要告诉孩子们我们想让他们做的事情，如忽略挑战性行为或找个成人倾诉，这要视情况而定。

- **当孩子做正确的事情时给予关注**。例如，在一个孩子想要玩玩具，并能做到不从其他孩子那里抢玩具时，你就可以说："史蒂文，我刚刚听到你问玛拉能不能玩下她的卡车。你在努力保持耐心，并希望做她的好朋友。"
- **帮助孩子使用手语**。如果一个孩子大声尖叫，但他愿意让你轻握他的手，帮助他做出求助的手势，那就帮帮他。这能让孩子知道，他可以用尖叫之外的方式来获取他需要的东西。
- **让孩子选择积极的结果**。有时，我们试图用积极的结果强化良好的行为，但实际上并没有吸引孩子，所以我们可以给孩子提供若干个积极的结果，让他自己选择他想要的。例如，他可以在集体教育活动时间内选择先做什么，或者坐在教师的椅子上等。
- **提前为孩子的正确行为提供奖励**。例如，告诉孩子们，如果他们在集体教育活动时间遵守规则，你就会为他们跳一段搞笑的舞蹈！
- **用耳语引起孩子的注意**。有时候轻声细语比大声说话更好，如果你轻声细语，那么孩子们就会离你更近，并努力地安静倾听。
- **利用奖励促进新技能的习得**。例如，如果一个孩子喜欢汽车，那就用卡纸制作一个装置——在赛道上行驶的汽车，并将该赛道命名为"通向良好行为之路"。当孩子使用新技能时，就让他把车向前移动一格（永远不要让他把车倒回去——这个策略的重点是强化积极行为，而不是惩罚消极行为）。把车往前挪动是孩子喜欢的事情，它会强化其对新技能的使用。当孩子能独立使用该技能时，我们就可以慢慢地停止使用这种策略了。
- **用计分表记录孩子的恰当行为**。做一个计分表，留出空间来记录孩子们的恰当行为。每当出现恰当行为，就在适当的地方做标记。
- **用文字和图片提醒孩子该做什么**。例如，用图片提示孩子在争抢玩具时应该做什么。当孩子抓玩具时，向他出示可视化图卡并说明这时他应该做什么。

- **使用社会性故事。**如果一个孩子打人，那么教师就可以与他一起阅读社会性故事，向他说明手可以做什么以及不能做什么。
- **给孩子休息的时间。**
- **在孩子做了好事后，奖励他去办公室或另一个房间。**记住，这应该是孩子想做的事情，而不是惩罚！
- **在孩子做了好事后，允许他坐在你的腿上。**

## 运用"改变自己""改变孩子"和"改变后果"策略

让我们来看看一些虚构的场景，看看改变自己、改变孩子和改变后果这三类策略是如何帮助你应对挑战性行为的。

### 案例分析 1：莉莉安娜

莉莉安娜经常流口水，牙龈肿胀，脾气暴躁，还经常抓自己的脸和耳朵。当你研究这些症状时，你可能会想到：莉莉安娜也许正在长牙，耳朵感染，或者过敏。

以下是有助于解决这种情况的具体方法。

#### 改变自己

- 从年初开始，提醒家长带孩子进行定期体检和牙齿护理。
- 在教室里放一篮子的冷冻牙胶棒或冷毛巾。
- 避免携带有强烈气味或可能导致过敏的物品（如清洁剂等）进入教室。

#### 改变孩子

- 当莉莉安娜感觉不适时，教她用手语或图卡来表达疼痛。
- 教莉莉安娜和其他孩子使用房间里已有的支持性材料，或者其他能帮助他们的新材料。

### 改变后果

- 按摩莉莉安娜的牙龈（戴手套）。
- 给莉莉安娜提供凉的食物。
- 询问莉莉安娜的家人，她最近是否做过体检或牙科检查。

### 案例分析 2：科比

科比这周的表现似乎与上周截然不同。他一直待人友善，但现在他只想一个人玩。如果其他孩子试图靠近他，他就会打他们。在进行功能评估后，你认为科比这样做，是为了保护自己和自己的空间。从他父母那里，你得知他们最近收养了一个婴儿，你怀疑科比最近的行为可能与这一重大生活变故有关。

以下是有助于解决这种情况的一些方法。

### 改变自己

- 对孩子及其家人的生活表现出持续的兴趣。如果你在科比的行为有所改变之前漠不关心，而在行为改变之后再去询问，这可能会有些尴尬。
- 在年初或孩子入园初期让家长填一份生活方式调查问卷。
- 鼓励家长与你沟通生活中的重大事件或生活方式的改变。
- 询问孩子的家人，最近家里的生活方式是否发生了变化。
- 教孩子理解私人空间。你可以用胶带、托盘、地毯、大塑料圈或织物，帮助科比了解一个人需要多大的空间。
- 在游戏时走近每个孩子，在挑战性行为发生之前及时阻止。

### 改变孩子

- 用故事或歌曲教科比怎样恰当地请求别人给他私人空间。例如唱："如果感到需要空间，你就寻求帮助！"①
- 教科比常用的表达情感的手语，这样他就可以用新的、更恰当的动作来表达自己的感受。

**改变后果**
- 教会其他孩子在同伴要求独立的私人空间时，表示尊重并为其提供私人空间。
- 当科比打人时，用你期待他在沮丧时使用的言语和手势回应他。

## 应对常见的挑战性行为的一般性策略

本节提供了应对常见的挑战性行为的一般性策略。如果你选择使用它们，切记分析行为发生的可能原因。

### 身体攻击

我在研讨会上最常被问到的问题就是："当孩子打人、踢人时，我该怎么办？"身体攻击是与儿童打交道的人必须处理的最困难、最危险的行为。以下策略不仅可以帮助你保护教室里的儿童，也可以帮助你教会他们更好地表达自己的需求、处理自己的情绪。

**改变自己**

◎好点子
- 正如本书前面讨论的，创建一个强大的行为评估系统，并确保教师知道如何激活它。

---

① 英文为"If you need space and you know it, ask for help！"，是根据《幸福拍手歌》改编的歌词。——译者注

- 与孩子保持近距离，以便在孩子的攻击性行为开始前就加以阻止。
- 在教室里为孩子们提供各类感官活动的材料，如水桌、沙箱或橡皮泥，以帮助其冷静下来。
- 随身携带"救急物品"，如指偶或泡泡机，以分散带有消极情绪的孩子的注意力。
- 发现孩子未被满足的需求（如饥饿、生病或睡眠不足等），并尽可能满足。
- 在家园联系栏上展示积极表达情绪情感的策略。

◎ **具体做法**

预防是对身体攻击最好的干预。对孩子的性格、生活环境和发展阶段的了解，有助于你预测可能引发身体攻击的因素，进而及时计划如何减少或应对孩子的身体攻击。例如，周末不上学，有些孩子周一就会出现更多的攻击性行为，那就试着在周一对孩子们提出较少的要求，给他们更多的过渡时间。如果孩子们很难遵循指示，不要大惊小怪。

如果咬人在你的班级里是一个常见的现象，那么你可以在每个孩子的小柜子里放一个"咬咬袋"，并教会他们如何使用。咬咬袋是供低龄幼儿（尤其是学步儿及2岁左右的幼儿）使用的装有安全物品的自封袋。

当你和孩子们交流时，不要用"不许"或"不要"这样的词汇，而是明确地告知他们你想让他们做什么——"轻轻地触摸""拿起你的咬咬袋"等。这种行为还可以增加儿童的词汇量。如果你整天说"不许""不要"或更温和的"不，谢谢"，孩子们肯定会模仿这些话。但是，如果你明确地告知儿童要做什么（"好好走路""轻声说话"等），他们就会习得更丰富的词汇。

准备好材料，限制等待时间。当孩子们要等待很长时间而无事可做时，他们更有可能表现出攻击性行为。你可以让等待时间变得有趣，比如带着孩子们唱歌或做游戏；你也可以制作一个等待箱，里面装满孩子们在等待时可以使用的东西，比如带纸笔的剪贴板、图书、磁性绘画玩具等。

对于幼儿而言，有时乖乖排队就像等着挨打一样。如果班上有两名教师（一个有 20 个孩子的班级应配有两名教师），那么你可以错开孩子们的过渡时间，这样就不必同时让所有孩子都排队。例如：与其在自由游戏后让所有孩子收拾整理，然后集体去洗手间，不如在自由游戏期间一次叫一两个孩子去洗手间；或者让所有孩子收拾整理后，让一名教师给大家读故事，而另一名教师每次带一两个孩子去洗手间。

孩子们可能会用攻击性行为表达感官需求。仔细巡视一下你的班级，看看需要调整什么以满足孩子们的感官需求。如果孩子有视觉障碍，那么你可以调暗艳丽的色彩、增加或减少光线；如果孩子有听觉障碍，那么你可以帮他戴上耳罩以隔绝噪声；如果孩子有嗅觉障碍，那么你在教室里要尽量使用少量或无气味的清洁剂；如果孩子的触觉、身体意识或平衡有问题，那么你可以增加其运动的机会，或者将教室里现有的物品换成更能提供感觉输入的物品。

记住，当你遇到麻烦的时候，你可以寻求帮助，而孩子们还没有学会这项技能。所以，当孩子们出现攻击性行为时，你的任务就是弄清楚他们到底想说什么。

**改变孩子**

◎**好点子**

- 当班上的某个孩子出现攻击性行为时，你可以用玩偶、故事和歌曲教孩子如何应对，如出去散步、大声说出自己的感受、深呼吸或找教师帮忙。
- 每天带孩子复习规则，并将其发给家长。
- 示范你希望孩子学会的技能。
- 用可视化图卡代替口头提示，提醒孩子遵守规则。
- 向孩子示范，在情绪低落时如何恰当表达。

◎ **具体做法**

在孩子们入园伊始，你就要开始教他们处理情绪情感的恰当方式。例如，他们不仅要学会"如果感到幸福，你就拍拍手"，也要学会"如果感到生气，你就数数、深呼吸""如果你想打你的朋友，那就马上走开"等处理其他情绪的策略和方法。和孩子们一起创编你们的歌曲吧！如果孩子们能学会流行歌曲和相应的舞蹈动作，那么他们就能学会理解情绪以及如何积极应对。每天孩子们一进教室，你就可以开始唱这些歌。

唱歌也是一种教导和提醒儿童使用咬咬袋的有效方法。试着唱："如果你想咬你的朋友，你就去拿咬咬袋。"（你看，《幸福拍手歌》多么有用！）你同样可以通过创编绘本故事来教孩子们使用咬咬袋。

如果一个孩子在冲动的情况下咬人，或者他有直接的感官需求或正在长牙，我们可以试着给他戴上可以咬的饰物或耐嚼物，也可以创作一首歌或一个故事来教他如何使用耐嚼物。我们甚至可以给自己戴上饰物，为孩子做"榜样"，在自己"生气"的时候咬它。

如果你和幼儿一起工作，那么你可以为他们设置"和平区"，组建问题解决团队，这样他们在沮丧的时候就可以相互支持。我们应该在"和平桌"上投放有助于幼儿学习和管理情绪情感的材料，如镜子、情绪图片和安抚工具（如橡皮泥等）。组建问题解决团队有助于孩子们在"和平区"解决矛盾和冲突。

我们可以教 9 个月及以上的孩子使用手语配合单词进行交流，不用担心这种做法会限制儿童语言表达能力的发展。正如卡罗尔·加博登·默里（Carol Garboden Murray）在《给幼儿的简单手语：婴幼儿和学前教师指南》（*Simple Signing with Young Children: A Guide for Infant, Toddler, and Preschool Teachers*）的修订版中解释的，"婴儿一旦会说（单词）就会停止使用手势，因为单词提供了一种更能直接满足其需求的表达方式"。与此同时，孩子们会变得不那么沮丧，因为他们即使不能用语言表达自己的感受，也可以用手势进行表达。

如果你认为孩子们在自由游戏时很难分享，那就带他们读一个关于分享的故事，然后说"看到我把新南瓜放到科学区，相信大家都很高兴！这可能很难分享，但我留了一张白纸，谁愿意轮流，就来报名"或者"我知道这很难，但我会帮助你们"。

## 改变后果

### ◎好点子

- 不要说"把你的想法说出来"，而是要教孩子具体的词汇以帮助其表达，例如"看上去你现在很生气"。
- 给孩子空间，以便他们在有安全感的情况下表达自身的感受。
- 用积极的替代性活动取代身体攻击，例如，让儿童使用儿童安全锤、散步、跳舞、吹风车、深呼吸、戳破气泡膜，以及咬牙胶棒等。
- 如果这些方法都失败了，那就专注于确保每个人的安全，直到他们平静下来。

### ◎具体做法

不要说"不要咬人"，而应该从孩子的咬咬袋里拿出一个物品，告诉他"咬这里"或"咬这个"。

你可以说"我知道你很××（描述孩子的情绪），让我们唱一首关于它的歌吧"，然后加入相应的感觉和应对策略："如果感到生气，你就走开。"

> **重要提示**
>
> 不要移动有攻击性行为且不想被移动的孩子，因为这可能会使情况升级、危及自己或其他孩子、伤害到正在挣扎的孩子。我们可以把其他孩子带离这个区域，从而保证他们的安全，并留一个成人在有挑战性行为的孩子身边，以确保他的安全。

观察每个孩子身上的线索，这样你就能学会识别他什么时候处于痛苦之中，或者什么可能会引发他进行身体攻击。如果你找不到触发因素，那就继续观察，或者让另一个人在孩子最有可能出现攻击性行为时观察。（你可能自己会想："没有模式啊，安杰拉！"相信总会有一种模式，让我们继续寻找。）

对于孩子的身体攻击性行为，你可以这样回应："你现在感觉怎么样？""怎样才能使情况好转？"如果孩子因为太难过而无法回答，那么你可以尝试给他的感受贴标签或描述他的感受。这样做也能够让你冷静下来。虽然这种策略并不一定适用于所有情况，尤其是当危险迫在眉睫时；但是如果你用语言描述他的感受，那么当他再有这种感受时，他就更有可能自己主动使用这些词汇。

在某个孩子出现身体攻击性行为后，请和班上的其他孩子一起应对，这样他们就不会害怕了。你可以说："那真的很可怕，请把你的感受告诉我，我会一直和你在一起。"如果你不在班级里把这些事件处理好，孩子们就要回家和家长一起面对，你可能会遇到一些愤怒的家长。最让孩子们害怕的不是事件本身，而是处理事件的过程。

思考如何防止此类事件再次发生，反思自己错过了什么，以及如何在下次孩子出现身体攻击性行为之前就及时制止。例如，当你意识到胡安在用推搡路易莎的方式吸引你的注意时，你就要留意他，并在下次看到他做正确的事情时表扬他。

## 言语攻击

幼儿阶段是语言发展的关键时期。当听到孩子们在教室里互相咒骂或说不友善的话时，你感到震惊是正常的。尝试用以下策略让自己冷静下来，并帮助孩子们使用合适的话语。

### 改变自己

◎ 具体做法

对于迫不得已要做的不喜欢的活动，孩子们有时会用言语攻击表达自己的沮丧或不满。如果你认为这很可能发生在自己的课堂上，那么请事先准备好其他活动。

有时在被告知"不"或"不要"后，孩子们会用言语攻击来回应，试图表达他们有多不喜欢你的反对，或者当他们听到这些话时，他们会沮丧、受伤，甚至困惑。当你和孩子说话时，尽量少用"不"和"不要"，告诉他们你想让他们做什么，例如"坐下""把积木放在积木区"等。

### 改变孩子

◎ 好点子

- 用玩偶和歌曲，教孩子在冲突中说恰当的话。
- 示范积极性语言。
- 列一张孩子们可以说的友善话语的清单，将其张贴在教室里。当孩子说出其中一个词语时，在这个词旁边贴上一颗星。
- 将"赞美圈"作为集体教育活动的一部分，邀请孩子互相肯定。
- 让孩子成为友善话语的"侦探"，并与其他使用此类话语的孩子击掌庆祝。
- 遵循薇薇安·佩利（Vivian Paley）的规则——"不可以说'你不能玩'"。

◎ 具体做法

在孩子们入园伊始，你就和他们一起建立强大的情感词汇库，教他们使用新的词汇表达自己的感受。这不仅可以为儿童积极的情感表达奠定基础，也可以为无法用适宜的词汇表达自身感受的孩子提供必要的支持和帮助。

教孩子们使用"优势侦探法"。"优势侦探法"与"打小报告"相反，孩子们会"告发"他们认为做得对的同龄人。例如，某个孩子向你描述一件"好事"，你把它写在便利贴上，他可以把便利贴粘在对应孩子的柜子上，或者你把孩子们召集起来，让他将这件"好事"告诉班上所有人。

### 改变后果

◎好点子

- 少关注孩子们说的话，多关注他们想要表达的情绪和情感，帮助他们用恰当的词语来表达。
- 鼓励孩子，同时向孩子说明正确的表达方式。
- 让孩子们对着"愤怒手机"（玩具）或"愤怒话语袋"说愤怒的话。
- 写下孩子们生气时说的话，让孩子们把它们揉成一团扔掉。
- 当孩子想说朋友的坏话时，建议他用"八卦电话"（玩具）。把纸张和铅笔放在"八卦电话"附近，这样孩子就可以把自己的"窃窃私语"记下来。

◎具体做法

当孩子们说不恰当的词汇时，尽量保持中立，然后冷静地告诉他们用什么词来代替会更好。诸如"不"或"这些不是好词"之类的话并没有多大帮助，因为孩子们不会自然而然地就知道该说什么或什么是"好词"。所以，要教孩子们使用替代性词语——"这里有一个更好的词"或"你的意思是……"。

### 霸凌和排斥

孩子们不会因为我们把他们放在同一个房间里，叫他们"朋友"就自动成为朋友。作为教育工作者，我们必须创设一个环境，帮助他们相互了解，支持其友谊的发展。

### 改变自己

◎好点子

- 帮助家长在校外为孩子安排玩伴。
- 带孩子们出门或在开始自由游戏前，问他们："今天你要和谁玩？""我们怎么确保让所有小朋友都参与进来呢？"
- 为孩子们寻找过渡或集体活动时间的伙伴，匹配表现好的孩子和表现不好的孩子。
- 让孩子们结对进行创意绘画。
- 相较于区域间的转换，鼓励孩子间的转换，这样他们就可以在房间的不同区域和不同的朋友一起玩。

**改变孩子**

◎ 好点子
- 让孩子们和他们的伙伴一起动手做零食、吃零食。
- 让孩子们在积木区建造"朋友船"——和朋友一起用积木搭船。
- 过"混搭日"。把每个孩子的名字放在一个盒子里，让他们随机抽取一个今天与其一起玩的伙伴。
- 阅读有关儿童友谊的图书。
- 分配部分儿童担任"和平缔造者"。在成人的帮助下，"和平缔造者"帮助其他儿童解决被霸凌和被排斥的问题。

◎ 具体做法

指派部分儿童做"友谊侦探"。这些孩子可以在教室里走来走去，以确保每个人都有朋友一起玩，如果侦探发现某个孩子没有同伴，那么他就会和那个孩子一起玩。

给每个孩子拍一张照片，把照片粘贴在积木上。孩子们可以通过玩这些积木来"建立友谊"。当他们搭积木时，与其让他们谈论积木上的朋友，不如让他们叫出每个人的名字。

拍下所有孩子的照片，把照片放大到22厘米×28厘米的大小，然后将其剪成友谊拼图。当孩子们把拼图拼好后，你就可以与其谈谈这些朋友，描述这些朋友的特点或品质。

给所有孩子拍照,剪下其脸部器官(如嘴、眼睛和鼻子),并在每张照片的背面写上名字,然后一次拿起一张,向孩子们提问,例如:"这是哪个小朋友的微笑?"这是多么好的帮助儿童学习认读名字的方法啊!

每天你都可以在教室里摆一张友谊桌,或者在地板上铺一条友谊毯。在这个区域放置孩子们喜欢的物品或玩具,告诉他们如果想在这里玩,就必须邀请一个新朋友一起去。

### 改变后果

◎ **好点子**

- 要求霸凌或排斥他人的孩子帮助被霸凌者或被孤立者。
- 使用可视化图卡提醒孩子们如何一起友好地玩耍。

◎ **具体做法**

如果你和幼儿一起工作,那么你可以为他们设置"和平区",组建问题解决团队,这样他们在沮丧的时候就可以相互支持。我们应该在"和平桌"上投放有助于幼儿学习和管理情绪情感的材料,如镜子、情绪图片和安抚工具(如橡皮泥)等。组建问题解决团队有助于孩子们在"和平区"解决矛盾和冲突。

## 不听话、不服从、反抗和不愿参与

随着儿童年龄的增长,其独立性也不断地得到发展。他们经常会采用令人沮丧的策略来避免服从成人的要求。下面的策略会对你有所帮助——通常孩子们甚至没有意识到他们真的在做你想要他们做的事。

### 改变自己

◎ **好点子**

- 让孩子自己选择活动。

- 唱出你的要求。
- 使用孩子的母语对其提出要求。
- 如果一个活动有多个步骤，但不需要按照一定的顺序进行，就允许孩子选择步骤的顺序。
- 在给出指示之前，关掉背景音乐。孩子们很难像你那样不受音乐干扰。
- 准备好替代性活动，以防止孩子们不喜欢某项活动。
- 在布置任务时考虑孩子们的兴趣（如第七章中的"案例分析4：书面拒绝"）。
- 在任务中添加运动元素。例如，"听到数字2时跳两下"或者"看到字母A时鼓掌"。
- 在任务中添加感官元素。例如，把拼图块埋在沙盘里，让孩子们把它们挖出来，然后将拼图拼好。
- 把任务图粘贴在一个大骰子上，让孩子们通过掷骰子来决定他们做哪个任务。
- 指导时少说话。可以用文字和图片来解释你想让孩子们做什么。
- 指示要具体："阿里，你来收拾蓝色积木块；根吉，你去把围巾整理好。"

◎ **具体做法**

你知道游戏能让学习更持久吗？如果你让一日生活中的指示变得有趣，那么孩子们就会更好地学习常规，也更有可能遵守常规。这是因为当孩子们参与有趣的活动时，他们的大脑中会释放一种叫作"多巴胺"的化学物质，多巴胺激活了中脑的奖励中心，并促使其关注这些活动的所有特征。当孩子们重复此类活动时，相关神经元会被一起激活，逐渐建立起神经网络。随着时间的推移，大脑就可以可靠地获取相关信息。为了把指示变得有趣，我们可以尝试这样做：不要说"我们去洗手间吹肥皂泡吧"，而要说"你能跟着这些泡泡去洗手间吗？"。

有时孩子们不想过渡到新的活动中，因为他们不想破坏自己的成果，例如推倒积木塔或拆开拼图。试着让孩子们在托盘上玩拼图，这样你就可以在需要的时候移动它们，孩子们也可以稍后再来完成活动。如果可以，保存积木塔，或者给它们拍照，这样即使这些成果不存在了，孩子们也可以向大家展示他们的作品。

### 改变孩子

◎ 好点子

- 制作绘本，标出一天中不同时间段的安排，让孩子们将绘本带回家。
- 如果某个孩子在过渡环节难以听从指令，那么你可以帮他找到一个"过渡伙伴"，这个过渡伙伴通常是那些乐于听从指令的孩子。

### 改变后果

◎ 好点子

- 让孩子掷骰子。他掷出的数字就是他必须做你想让他做的事情的次数。例如，如果他掷到3，他就必须收拾好3个玩具。
- 让孩子们自己选择伙伴一起活动或做任务。
- 唱一些与其文化相关的歌曲来吸引孩子们的注意力。
- 和孩子们一起完成任务。

◎ 具体做法

与其发号施令，不如促进孩子们反思。通过问一些开放式问题来促使孩子们思考自己的行为，例如：

- "你觉得自己应该先做什么？"
- "怎么移动才能保证自己的安全？"
- "当你……你会注意到什么？"
- "关于……有哪些规则需要遵守？"
- "我们的下一个计划是什么？"

- "你现在应该做什么？"
- "你注意到你的朋友正在做什么了吗？"

抓紧时间！把收拾整理这样的任务变成游戏，让孩子们努力在规定时间内完成任务。与孩子们谈论他们每天完成任务花费时间的差异，你甚至可以将其变成数学领域的教育活动。

利用收拾整理或排队时间进行头脑风暴、解决问题，你可以这样问孩子们："我们怎样才能确保玩具都正确归位了呢？""我们怎样才能排好队？"

不要威胁孩子。将"如果你不……"改为"我们能做些什么来……"。不要说"如果你不快点，我们就不能在规定时间到外面玩了"，而要说"我们能做些什么来确保我们准时到外面玩游戏呢？"。

## 缠人、哭泣和发脾气

没有什么能比这些孩子更让你紧张的了，他们占据了你的时间，不能容忍你的注意力在别处，经常哭泣、缠人、寻求依恋。当这些行为出现在你的课堂上时，你可以尝试用以下这些策略避免自己崩溃。

### 改变自己

◎好点子

- 孩子们会表现出各种各样的情绪。你要做好准备，应对他们在课堂上表现出的积极和消极情绪。
- 在教室里指定一个安静的角落或在房间周围放置镇静篮或镇静包（稍后会详细讨论）。当孩子在教室外发脾气时，你可以为其提供镇静背包。

◎具体做法

就像你可能经历过的那样，没有一个孩子能做到一听到大人说"冷静"两个字就平静下来，因此，你不能仅仅用指令来安抚儿童。一个特别有用的技巧是为每个孩子，或者至少是那些经常哭的孩子，制作个性化的镇静篮，里面装有有助于孩子冷静的物品，如音乐播放器、玩具、照片、用于深呼吸的风车、毛绒物、用来给家人打电话的玩具电话、家庭照片等。在篮子或小包里准备好这些东西，它们可以在第一时间帮助孩子分散注意力。在我的教学生涯中，我经常会在自己的口袋里或工作服里放一些镇静物，以便在需要时使用。

请记住，当孩子哭泣时，你不能指望把镇静物放到他面前，就立刻能让他振作起来。你必须在孩子已经冷静下来的时候（如围坐成圈时），再把镇静篮拿出来。你需要每天示范如何使用这些物品，并让孩子练习。如果一个孩子第一次看到镇静篮是在他情绪激动的时候，那么镇静篮可能就会对他不起作用。

### 改变孩子

◎好点子

- 每天教孩子应对强烈情绪的技巧。
- 与其给强烈或消极的情绪贴上"坏"的标签，不如解释为什么所有的情绪都是人们需要的。
- 说出你在教室里看到的所有情绪，无论是积极的，还是消极的。
- 关注那些面对负面情绪时使用积极应对技巧的孩子或成人。

### 改变后果

◎好点子

- 使用第三章中列出的冷静策略来帮助你保持冷静。
- 了解每个孩子的需求。对于某些发脾气的孩子，最好的回应就是保持沉默，假装不看他们。
- 描述孩子正在经历的感受。
- 蹲下来，让自己的高度与孩子的高度齐平，寻找其行为背后的原因。例如：想要得到关注；试探极限；犯困、受伤、饥饿、困惑、沮丧或无聊等。
- 有时温柔的触摸可以帮助孩子冷静下来，但有时触摸会让事情变得更糟。

- 给孩子空间，比如在教室里指定一个安静的区域，在这里他们可以安全地表达自己的感受。
- 你可以这样说："没关系，你可以抱抱这只泰迪熊，直到你感觉好些为止。如果你需要我，我就在这里。"

◎ **具体做法**

作为成人，我们的目标不是消除孩子哭泣或消极情绪的表达，而是理解孩子哭泣时试图传达的信息，并在适当的时候提供解决方案。每当你忽略或错过一条信息，孩子就会觉得有必要强化自身的行为来助力传达。你应该保持冷静，而不是一开始就崩溃。你应该告诉孩子，当他难过时你希望他做什么。你可能还记得关于"他律"的讨论，博德罗瓦和莱昂认为，面对孩子们的哭泣，你越是保持冷静、提供安慰，他们就越容易学会自我调节。

在孩子强烈的负面情绪发作时，一些评论往往是没有什么帮助的。例如，不喜欢（"我不喜欢你……"）、轻视（"你并没有受伤""没什么好害怕的"，或者"这一切只是因为那个小划痕吗"），或者贬低负面情绪（"这么大了还哭"），这些都会让孩子们知道他们的经历或感受是无效的。

经常缠人、哭泣或发脾气的孩子，可能有依恋问题。为了缓解这个问题，我们应该经常与孩子一起活动。在孩子出现依恋问题的这段时间，你可能会感到沮丧，但这也是一段宝贵的时间，因为任何与儿童打交道的人都会告诉你，在儿童发展的进程中，这段寻求依恋的时间非常短暂。

即使你尝试了所有的工具，孩子们仍然可能会哭泣，这并不意味着你的做法无效或相关策略不起作用。记住，哭闹是幼儿时期的发展适宜性行为，而你需要确保的是为他们提供适宜的支持与帮助。

## 一日生活中的挑战性行为

有时，一天中某个特定的时间或作息安排的某部分，可能会引发孩子们的挑战性行为。接下来我们将探讨解决这些特定时间的行为问题的策略。

## 入园

◎ 好点子

- 让家长把孩子在教室里最喜欢的玩具或你的照片挂在钥匙扣上，这样孩子就知道自己每天要去哪里。
- 在接送区附近放置镇静篮。如果某个孩子在入园时特别难受，那就专门为他准备一个篮子，在里面放上他最喜欢的镇静物。
- 设置一个"欢迎员"，让孩子们轮流当"欢迎员"。作为"欢迎员"的孩子在其他孩子进班时要向他们打招呼，欢迎他们来到教室。
- 制作一个欢迎垫，在上面画上可能的问候方式（击掌、拥抱等）。每个孩子入园时，让他挑选他想从你这里得到的问候，然后给予他问候。

## 集体活动时间

◎ 好点子

- 如果某个孩子在集体活动时间总是安静不下来，那么你可以试着让他成为你的小助手。许多孩子想要成为你的小助手，所以我们可以为他们准备不同内容的工作。
- 让其他成人坐在安静不下来的孩子旁边。
- 让孩子边听故事边涂色。
- 缩短集体活动时间。

- 在集体活动时间添加运动或歌曲元素。
- 让孩子选择集体教育活动的顺序。对于不会说话的孩子,可以通过可视化图卡让他们指出接下来想要参加的活动。
- 分两个小组进行集体活动,而不是在一个大组中进行。
- 对集体活动中孩子的座位给予视觉化提示。
- 将集体活动的每一步都制作成图片,贴在儿童能看得到的墙上,并让他们将图片带回家。
- 用肢体语言而不是口头语言来引导孩子。
- 指定某些孩子在集体活动时帮助那些安静不下来的孩子。

◎ **具体做法**

为支持所有儿童,可以在集体活动中添加材料。是的,我知道:第一次使用道具时,许多孩子要么咬它,要么用它打同伴的头。这种现象的确经常发生!记住,无论任何时候你把新材料带进教室,都需要教孩子们如何正确地使用它们。如果你执行这个理念的时间足够长,那么你就会发现孩子们对材料的新鲜感会逐渐消失。

对于那些在集体活动中坐不稳的孩子来说,解压的小玩意儿是有用的工具。同样,你应告诉所有人为什么这个孩子需要这个玩具,并解释为什么不是每个人都需要这个玩具。当然,其他孩子还是会想要这些解压玩具——毕竟他们是小孩子——但最终他们会习惯这种情况的。

不要让所有孩子都"双腿交叉盘腿坐",而是问他们"怎样坐才能让大家都看到彼此?"或者"你怎么坐着才感觉安全?"。强迫所有孩子使用相同的坐姿是不明智的。有些孩子肌张力低,没有支撑就无法坐着,所以让这些孩子选择他们想要的位置,比如坐在地板上,坐在椅子上,或者站在你附近。

## 用餐时间（包括点心时间）

◎ 好点子

- 将用餐的每一个步骤做成图片，张贴在孩子能看到的地方，并让他们将其带回家。
- 同样，制作一本带有这些图片的书，将其放在角色游戏区，这样孩子就可以"练习"常规了。
- 提前把用餐步骤过一遍。
- 让孩子参与用餐前的准备工作。
- 唱出你的要求。
- 让所有的等待时间都变得有趣，如唱歌、捉迷藏、玩手指游戏等。

## 自由游戏

◎ 好点子

- 在孩子自由游戏时，设置"问题解决员"的角色，其工作职责是在教室里帮助其他孩子解决冲突。
- 教育孩子要给别人留有私人空间。你可以用胶带、托盘、地毯、大塑料圈或织物帮助孩子理解私人空间。
- 问孩子："今天你要和哪个小朋友一起玩？"
- 在每个区域放置镇静篮。
- 鼓励所有成人在活动区走动，与孩子们一起玩耍。
- 在每个区域投放各种计时器（如沙漏、数字计时器等），鼓励孩子们分享。
- 游戏前，用玩偶示范如何开展自由游戏和应对挑战。
- 创编游戏故事，用文字和图片说明对孩子的期望，在每个区域保留一份说明，让孩子将副本拿回家给家人看。
- 在集体活动时间，通过角色扮演的方式与孩子一起预测在自由游戏中可能会发生的事件，进而帮助孩子练习合作技能。

◎具体做法

在孩子的视线范围内，在每个区域里张贴如下内容。

- 描述该区域规则的文字和图片。
- 描述如何恰当地使用该区域的材料的图片。
- 描述应对游戏挑战的策略和方法（如寻求教师帮助或使用计时器）的文字和图片。
- 区域干净整洁时的照片（当你让孩子们打扫时，可以给他们一个参考）。

尝试创建一个"趣友墙"，鼓励孩子们在自由游戏中做出恰当的行为。把孩子们的名字写在索引卡上，然后把它们粘贴在墙面指定的区域，制作一个可以盖在卡片上的"趣友章"。在自由游戏结束时，选出表现良好的孩子，并在他的卡片上盖"趣友章"。第二天，这个孩子可以先行选择自己游戏的区域。

## 午睡时间

◎好点子

- 在开学的头几个星期（之后如有需要），在集体活动时间让孩子们与"午睡娃娃"一起讨论如何度过午睡时间。
- 制作关于午睡常规的书。在教室里留一本书，让孩子拿一本书回家。每天午睡前将书读给孩子们听。
- 在午餐快结束时播放午睡音乐。每天播放同样的曲目，这样孩子们就会把这些曲目和午睡联系起来。
- 让那些睡不着或根本不睡觉的孩子做你的小助手，他们可以在最后睡觉。
- 确保孩子们的床每天都在相同的位置，注意每个孩子午睡的位置。
- 让孩子在午睡时间戴着耳机听书。

- 在孩子们的床附近喷洒"美梦喷雾"（含有薰衣草或香草提取物的水——记得事先了解是否有孩子对此过敏！），给他们入睡所需的"魔力"。记得在空气中喷一两次就可以了，不要喷在孩子身上。
- 在空瓶上贴上"睡眠仙尘"的标签。假装看不见孩子，把"仙尘"撒在他们身上，帮助其入睡。当然，你也可以把这份工作交给某个孩子。
- 让孩子玩"装睡"的游戏，尽可能安静地躺着。午睡时间结束后，给最安静的孩子颁发奖品。
- 制作"魔法睡眠棒"。告诉孩子们，当你用魔杖指着他们时，他们就会被"魔法"送去睡觉。
- 在天花板上贴上贴画，如果孩子们睡不着，就可以在午睡时看这些贴画。
- 午睡时间结束后，奖励先入睡的孩子。
- 如果孩子们在午睡时很安静，就允许他们在第二天选择午睡音乐。
- 记住，只要孩子安静且不打扰别人，在午睡时间不睡觉也没关系。

◎ **具体做法**

对于不睡觉的孩子，准备"午睡袋"或"忙碌盒"，允许他们在其他孩子入睡后做安静的活动，例如使用小手电筒阅读等，这有助于孩子保持安静。

试着制作一个超级午睡盒作为激励物。把每个孩子的名字写在木棒上，如果某些孩子在午睡时很安静，那么你就可以把写有他们名字的木棒放在超级午睡盒里，每天午睡后从盒子里抽取一根木棒，并奖励相应的孩子。这样，孩子们会强化安静睡觉的行为，对于他们来说奖励是一个惊喜。到学期末时，你可以从每天挑选孩子进行奖励变为每周挑选孩子进行奖励。

## 离园

◎ **好点子**

- 在儿童视线范围内张贴离园流程的图片。

- 将教师的照片塑封起来。如果有孩子不愿离开，那么他可以带一张教师的照片回家。
- 和孩子谈论他们最喜欢的家人，让他们做好离园的准备。
- 在接送区附近为难以离开的孩子准备镇静篮。
- 设置"欢送员"，孩子们轮流当"欢送员"。其职责是晚点离园并帮助那些即将离园的孩子收拾东西。
- 与入园时的活动类似，让每个孩子跳上你的欢送垫，选择他喜欢的和你道别的方式（击掌、拥抱等），然后相互道别。

# 第十章　成功实施策略

请你深吸一口气。到目前为止,我们已经走了很长一段路,但旅程还没有结束。前期我们已经选择了一定的策略并制订了针对挑战性行为的计划,接下来就要进行成人行为清单的最后一步了。

**成人行为清单**

1. 理清你的感受。
2. 修复关系中的裂痕。
3. 找到支持关系的策略与方法。
4. 赋予行为以意义。
5. 选择一套策略。
6. 遇到困难时要有耐心。

### 🏷 遇到困难时要有耐心

当你把刚刚洗干净的衣服从洗衣机里拿出来时,它们能穿吗?正如直接穿上从洗衣机里刚拿出来的、没有晾干的、又湿又冷的衣服一样,许多专业发展研讨会往往只是给出应对儿童挑战性行为的解决方案,却没有提供任何实施这些解决方案的具体建议。研究人员布拉德利·埃梅林(Bradley Ermeling)指出，即使是经验丰富的教师在使用新策略的第一阶段也需要具体的指导。布鲁斯·乔伊斯（Bruce Joyce）和贝弗利·肖尔斯（Beverly Showers）在关于"教学指导"的文章中指出，教师在真正实施某个策略之前，可能需要花几小时的时间来研究这个策略背后的理论，还要观察别人使用这个策略10~20次且练习使用这个策略10~15次，才能真正地应用这个策略。

本部分主要涉及在讨论策略时往往容易被忽略的部分。我把这部分称为"尝试时间"，因为它在一定程度上反映了"晾衣服"的过程。就像晾衣服需要时间一样，尝试新策略也需要时间。这正如布鲁斯和贝弗利在《教师发展：学生成功的基石》[①]（Student Achievement through Staff Development）一书中所指出的：在你开始看到任何进步之前，你必须花费几个星期的时间反复尝试新策略。所需的确切时间取决于以下几方面：

- 你是否能够始终如一地使用该策略？
- 你是否按照预期目标来使用该策略？
- 你在多大程度上使用该策略？
- 你是否能够有效地过滤无用的信息及行为，你是怎样做的呢？

我们将在本章后半部分讨论时间问题。现在，先让我们看看，在这段时间里，你实际应该做的事情。

## 5R 循 环

"尝试时间"是一个由五步骤组成的循环——5R循环（见图10.1）。

①回应（respond）

②记录（record）

---

[①] 该书已由中国轻工业出版社于2005年出版。——译者注

③反思（reflect）

④修改（revise）

⑤重复（repeat）

这些步骤说明了在实施挑战性行为应对计划的每个阶段，你应该做什么和期待什么。下面对每一个步骤进行详细说明。

图 10.1

## 回应

这一阶段是你开始实施挑战性行为应对计划的第一步。许多教师、心理治疗师和家长在这一阶段会因为没有足够的时间实施计划而放弃计划。为什么会这样呢？如果你曾经尝试过一个新想法，你就会知道答案了：因为在这个阶段，儿童的行为往往会变得更加糟糕。这种情况发生的原因主要是，当成人引入一个计划来支持有挑战性行为的孩子（我将其称为"目标儿童"）时，这些策略可能会引发更多的"停滞"——当所有孩子都试图理解和回应新策略时，额外的挑战就会出现。换句话说，用新策略应对行为问题往往会带来新的问题！

记住，这种现象很正常。这并不意味着你失败了，或者你的计划不起作用。如果这种策略对你来说是新的，那么你需要时间来熟练地运用它们。即使你以前尝试过这种策略，但对学生来说它们也是新策略。你、目标儿童和其他孩子都需要时间来适应新的计划。如果你在计划中引入了一种新材料（如一个小玩具），那么无论是否需要，所有孩子都会想要这种新材料，而具有讽刺意味的是，目标儿童可能不会立即对这些新材料做出反应。

无论你的计划包含了哪些策略，你都必须给这些策略足够的时间来发挥作用。不幸的是，在这个过程中，事情通常会在好转之前变得更糟。回应阶段持续 4~6 周，在这段时间里，当新策略开始破坏你的课堂时，你可能会想放弃这个计划。千万不要放弃！孩子们需要花很长时间来处理和习惯新的想法，成人需要花很长时间来练习使用它们。即使前面的道路坎坷，也要记住勇往直前！你能做到！请记住，不尝试任何计划将是一条比这条更艰难的道路。

如果你是管理者，请记住你的员工在此阶段需要大量的支持。你可能需要更频繁地与他们联系，为他们提供额外的休息时间，或者为团队提供更多的时间一起反思。你也可以让志愿者清理玩具或布告栏，以便腾出时间让员工专注于更复杂的工作。即使是一些简单的做法，如进行鼓舞士气的谈话和布置"各取所需"的告示板，也能使情况大不相同。

## 记录

记录与回应可以说是同时发生的。在这 4~6 周的时间里，你观察并记录目标儿童和教室里的成人对挑战性行为应对计划的反应。听起来很简单，对吧？错了！你们中的一些人可能已经在想：如果一个杯子刚才被扔掉，谁还有时间记录"贝基还在扔东西"？然而，这一步很重要，因为如果你不知道自己从哪里开始，你就无法衡量自己的进步。此外，具有挑战性的行为通常不会立即停止。进步是逐渐发生的，除非你有记录，否则你很容易错过小的进步。

坏消息是，你必须持续记录。好消息是，如果你有意识地记录，它就不会占用你所有的时间。例如，你不必每次在目标儿童哭的时候都拿起你的记录表。在一天中挑一个孩子容易哭的时间，在那个时候，记录两分钟。是的！即使每天记录两分钟也可以帮助你找到规律，并理解目标儿童对你的计划的反应。

管理者可以通过关注员工的行为并向其指明所获得的进步来帮助其完成这一阶段的任务。即使员工按照他们的职责进行观察和记录，他们也有可能因为太接近实践现场，无法轻易看到自己取得的进展。说到观察和记录，管理者可以帮助员工完成这个关键的过程。任何人都可以记录——不一定是直接与孩子打交道的成人。管理者可以走进教室，花两分钟时间做这些重要的记录，以减轻员工的负担。

## 反思

反思发生在每周的小组会议上。在每次会议上，你和你的同事都需要分析你们所知道的情况，包括上次会议和之后创建的所有表格和信息，并反思你们的计划中哪些是有效的，哪些是无效的。

每次会议开始时，每个人都使用"超越它"策略来整理自己对目标儿童或工作状况可能产生的任何情绪。然后你就可以解决问题了。每次会议都应该有一个议程，以保持讨论的正常推进，否则这样的会议很有可能成为"吐槽大会"。试着在议程中考虑以下问题。

- 本周你注意到了孩子的哪些进步之处？（一定要从积极的方面开始）
- 孩子对这个计划的反应如何？
- 现在这种挑战性行为出现的频率是多少？和上周相比有无变化？和刚开始的时候相比呢？
- 我们是否需要更个性化的计划？如果需要，我们应该做出哪些改变？
- 教室里的其他孩子对这个计划反应如何？
- 我们都以同样的方式使用该计划吗？如果不是，我们应该做什么？
- 我们都以同样的频率使用该计划吗？如果不是，我们应该多久使用一次？
- 我们是否需要更多的理论知识和信息，以便更好地理解计划中的具体策略？
- 我们是否需要更多关于如何实施某些策略的例子？
- 我们是否需要更多的情感支持？
- 我们需要更多的材料吗？
- 我们应该添加新策略吗？
- 我们的计划中是否有太多的策略？如果是，我们应该舍弃哪一个？
- 你的同事如何看待孩子的挑战性行为？
- 家长如何看待孩子的挑战性行为？
- 这个孩子或家庭最近的生活方式有什么变化吗？

在这些会议中，即使是简单的反思，例如"我在集体活动时间花了五分钟尝试这个策略"，也会对我们有所帮助。同时，如果讨论开始偏离轨道，那么团队成员可以互相帮助，例如"我认为我们已经偏离轨道了""我们需要确保自己有时间回答所有问题"或者"这和第四个问题有什么关系"等。如果会议经常变得混乱，或者你的团队总是无法解决大多数问题，那么可能是因为团队成员发泄太多，而没有充分的反思。在这种情况下，多开几次会是有帮助的，可以一周开3~4次会。

**修改**

这个步骤至少在实施计划四个星期后才能进行。每个人都需要很长时间来适应新的计划。经过长时间的适应过程，其他孩子的新鲜感逐渐消失，我们也能更好地使用这些策略，目标儿童也逐渐开始理解计划的目的。在最初的四周左右结束之后，你和你的同事可以开始根据自己的观察来反思和修改计划。

修改并不意味着你又制订了一个新的计划。它仅仅意味着你要调整目前你正在做的事情。以下是一些修改建议：

- 添加新策略；
- 放弃某个策略；
- 增加观察其他教师使用特定策略的机会；
- 给予家长额外的资源；
- 弄清楚在学校里使用的策略是否可以在家里使用；
- 当意识到目标儿童的家长无法在家里实施任何新策略时，接受这种情况。

你的团队作为一个整体，可以决定对计划做哪些修改。每个人都需要了解执行计划的人的能力。有些策略可能很难实现，因为团队成员缺乏必要的知识或经验。因此，有些策略可能比其他策略更有效。

作为挑战性行为应对计划的一部分，管理者可能会要求强制执行某些策略。

千万别这么做！在我作为顾问的教育实践中，虽然我可能是计划的推动者或支持者，有时甚至是计划的评估者，但我从来没有修改过别人用来应对孩子的挑战性行为的计划，因为这不是我的计划。我清楚地认识到，如果我制订或修改一个计划让别人去执行，那么那些人就会认为这个计划是我的。他们对计划没有掌控感，也就不会成功地实施计划。因此，只有实际执行计划的人（而不是他们的负责人或主管）才应该对计划做出最终的决定或调整。

## 重复

改变儿童的行为从来就不是一劳永逸的事情。它是一个持续不断的循环过程。我们可能需要多轮行动或者多次调整来帮助目标儿童消除挑战性行为——特别是当儿童的生活发生变化，或者学校时间表发生变化，从而引发新的挑战性行为或者旧的挑战性行为再次出现时，你可能不得不重新开始。

如果这个循环第一次就成功了，孩子消除了挑战性行为，那么你可以暂停一下，奖励一下自己。作为一名教育工作者，这个过程可以说是你经历过的最困难的事情之一，而你做到了！干得漂亮！然后，用这次的成功来激励自己，重新开始 5R 循环以面对新的挑战性行为。

---

**庆祝小小的胜利**

我永远不会忘记我和我的一名顾问讨论孩子们状况的情景——其实这主要是因为我的丈夫雷金纳德听到了我们的谈话。

顾问：上周我们的老师被骂了六次，这周却只有两次！

我：太好了，我们的方法奏效了！

雷金纳德（惊恐）：你们说的是早期教育中心里可爱的孩子们吗？

> 我必须说明一点，孩子们不只是需要停止某种行为。改变从来都是渐进的，小小的胜利能帮助每个人继续前进！

## 小　　结

谢谢你给我机会，让我能够分享自己的想法。我们已经走到了共同旅程的终点，但你个人的旅程还远未结束。在理想情况下，这本书可以帮助你书写自己的故事，掌控自己的情绪，学会从不同的视角出发，从伤害转向帮助和治愈。我希望你继续探索自己与情感的联系，不断质疑，并定期反省。

这本书的最终目的是让你有更强的能力去爱、去接纳、去与儿童友好相处，并帮助和支持孩子、他们的家庭成员和你的同事。人从来就是复杂的。当有人用"坏的""疯狂的"或"生气的"来形容另一个人时，请你抛开这些标签，更多地了解这个人。当有孩子表现不好时，用好奇和同情来回应，记住每个孩子的行为背后都有一个复杂的故事，就像你自己一样。利用你在这段旅程中学到的知识来引导你所关心的孩子，让他们踏上自己的旅程吧！

# 附　　录

## 附录 A　"超越它"

| | | | | |
|---|---|---|---|---|
| **H** 了解每个人的意图 (Home in on everyone's intentions) | | | | |
| **S** 寻求中立的支持 (Seek neutral support) | | | | |
| **U** 理解每个人的观点 (Understand everyone's perspective) | | | | |
| **P** 选择积极的因素 (Pick out positives) | | | | |

| | | | | |
|---|---|---|---|---|
| **T** 关心自己 (Take care of yourself) | | | | |
| **S** 退一步 (Step back) | | | | |
| **A** 提问 (Ask questions) | | | | |
| **P** 关注自己的行为 (Pay attention to your own behavior) | | | | |

**T**

**I**

# 附录 B　关系修复计划表

使用下面的表格来帮助你为修复师幼关系制订计划（连续 2 周，每天 2 分钟）。在每个框里填上当天你将与幼儿进行积极互动的内容。尽量包含多样化的活动，下面的活动内容仅供参考。

- 指出幼儿做得对的地方
- 与幼儿交谈并叫他的名字
- 与幼儿进行眼神交流
- 与幼儿一起游戏
- 请幼儿帮忙
- 与幼儿一起阅读
- 拥抱幼儿
- 让幼儿选择先做哪个活动
- 让幼儿告诉你他的兴趣
- 讲一个笑话，和幼儿一起笑
- 和幼儿一起吃午餐或点心
- 让幼儿选择一个你们可以一起做的活动
- 创造你自己的积极互动方式

| 第一周 | | | | |
| --- | --- | --- | --- | --- |
| 第一天 | 第二天 | 第三天 | 第四天 | 第五天 |
| | | | | |

| 第二周 | | | | |
| --- | --- | --- | --- | --- |
| 第一天 | 第二天 | 第三天 | 第四天 | 第五天 |
| | | | | |

## 附录 C  行为检核表

结合幼儿每天在不同的活动类型中表现出的挑战性行为，在下列表格中圈出与之相符的程度词，如"经常""偶尔"或"没有"。如果幼儿喜欢某个活动类型，就把此活动类型的笑脸圈起来。在表格旁描述具体的挑战性行为并做出评论。

### 第一周

#### 入园 / 离园 ☺

| 日期 | 挑战性行为的程度 | | |
|---|---|---|---|
| 周一 | 经常 | 偶尔 | 没有 |
| 周二 | 经常 | 偶尔 | 没有 |
| 周三 | 经常 | 偶尔 | 没有 |
| 周四 | 经常 | 偶尔 | 没有 |
| 周五 | 经常 | 偶尔 | 没有 |

挑战性行为描述：
_____
_____
评论：
_____
_____

#### 午餐 / 点心 ☺

| 日期 | 挑战性行为的程度 | | |
|---|---|---|---|
| 周一 | 经常 | 偶尔 | 没有 |
| 周二 | 经常 | 偶尔 | 没有 |
| 周三 | 经常 | 偶尔 | 没有 |
| 周四 | 经常 | 偶尔 | 没有 |
| 周五 | 经常 | 偶尔 | 没有 |

挑战性行为描述：
_____
_____
评论：
_____
_____

#### 如厕 / 盥洗 ☺

| 日期 | 挑战性行为的程度 | | |
|---|---|---|---|
| 周一 | 经常 | 偶尔 | 没有 |
| 周二 | 经常 | 偶尔 | 没有 |
| 周三 | 经常 | 偶尔 | 没有 |
| 周四 | 经常 | 偶尔 | 没有 |
| 周五 | 经常 | 偶尔 | 没有 |

挑战性行为描述：
_____
_____
评论：
_____
_____

### 集体活动 ☺

| 日期 | 挑战性行为的程度 | | |
|---|---|---|---|
| 周一 | 经常 | 偶尔 | 没有 |
| 周二 | 经常 | 偶尔 | 没有 |
| 周三 | 经常 | 偶尔 | 没有 |
| 周四 | 经常 | 偶尔 | 没有 |
| 周五 | 经常 | 偶尔 | 没有 |

挑战性行为描述：_____
_____
评论：_____
_____

### 自由游戏 ☺

| 日期 | 挑战性行为的程度 | | |
|---|---|---|---|
| 周一 | 经常 | 偶尔 | 没有 |
| 周二 | 经常 | 偶尔 | 没有 |
| 周三 | 经常 | 偶尔 | 没有 |
| 周四 | 经常 | 偶尔 | 没有 |
| 周五 | 经常 | 偶尔 | 没有 |

挑战性行为描述：_____
_____
评论：_____
_____

### 小组活动 ☺

| 日期 | 挑战性行为的程度 | | |
|---|---|---|---|
| 周一 | 经常 | 偶尔 | 没有 |
| 周二 | 经常 | 偶尔 | 没有 |
| 周三 | 经常 | 偶尔 | 没有 |
| 周四 | 经常 | 偶尔 | 没有 |
| 周五 | 经常 | 偶尔 | 没有 |

挑战性行为描述：_____
_____
评论：_____
_____

### 午睡时间 ☺

| 日期 | 挑战性行为的程度 | | |
|---|---|---|---|
| 周一 | 经常 | 偶尔 | 没有 |
| 周二 | 经常 | 偶尔 | 没有 |
| 周三 | 经常 | 偶尔 | 没有 |
| 周四 | 经常 | 偶尔 | 没有 |
| 周五 | 经常 | 偶尔 | 没有 |

挑战性行为描述：_____
_____
评论：_____
_____

### 过渡环节 ☺

| 日期 | 挑战性行为的程度 | | |
|---|---|---|---|
| 周一 | 经常 | 偶尔 | 没有 |
| 周二 | 经常 | 偶尔 | 没有 |
| 周三 | 经常 | 偶尔 | 没有 |
| 周四 | 经常 | 偶尔 | 没有 |
| 周五 | 经常 | 偶尔 | 没有 |

挑战性行为描述：_____
_____
评论：_____
_____

## 其他 ☺

| 日期 | 挑战性行为的程度 | | |
|---|---|---|---|
| 周一 | 经常 | 偶尔 | 没有 |
| 周二 | 经常 | 偶尔 | 没有 |
| 周三 | 经常 | 偶尔 | 没有 |
| 周四 | 经常 | 偶尔 | 没有 |
| 周五 | 经常 | 偶尔 | 没有 |

挑战性行为描述：_____

评论：_____

结合幼儿每天在不同的活动类型中表现出的挑战性行为，在下列表格中圈出与之相符的程度词，如"经常""偶尔"或"没有"。如果幼儿喜欢某个活动类型，就把此活动类型的笑脸圈起来。在表格旁描述具体的挑战性行为并做出评论。

### 第二周

## 入园/离园 ☺

| 日期 | 挑战性行为的程度 | | |
|---|---|---|---|
| 周一 | 经常 | 偶尔 | 没有 |
| 周二 | 经常 | 偶尔 | 没有 |
| 周三 | 经常 | 偶尔 | 没有 |
| 周四 | 经常 | 偶尔 | 没有 |
| 周五 | 经常 | 偶尔 | 没有 |

挑战性行为描述：_____

评论：_____

## 午餐/点心 ☺

| 日期 | 挑战性行为的程度 | | |
|---|---|---|---|
| 周一 | 经常 | 偶尔 | 没有 |
| 周二 | 经常 | 偶尔 | 没有 |
| 周三 | 经常 | 偶尔 | 没有 |
| 周四 | 经常 | 偶尔 | 没有 |
| 周五 | 经常 | 偶尔 | 没有 |

挑战性行为描述：_____

评论：_____

## 如厕/盥洗 ☺

| 日期 | 挑战性行为的程度 | | |
|---|---|---|---|
| 周一 | 经常 | 偶尔 | 没有 |
| 周二 | 经常 | 偶尔 | 没有 |
| 周三 | 经常 | 偶尔 | 没有 |
| 周四 | 经常 | 偶尔 | 没有 |
| 周五 | 经常 | 偶尔 | 没有 |

挑战性行为描述：_____

评论：_____

## 集体活动 ☺

| 日期 | 挑战性行为的程度 | | |
|---|---|---|---|
| 周一 | 经常 | 偶尔 | 没有 |
| 周二 | 经常 | 偶尔 | 没有 |
| 周三 | 经常 | 偶尔 | 没有 |
| 周四 | 经常 | 偶尔 | 没有 |
| 周五 | 经常 | 偶尔 | 没有 |

挑战性行为描述：
_____
_____
评论：
_____
_____

## 自由游戏 ☺

| 日期 | 挑战性行为的程度 | | |
|---|---|---|---|
| 周一 | 经常 | 偶尔 | 没有 |
| 周二 | 经常 | 偶尔 | 没有 |
| 周三 | 经常 | 偶尔 | 没有 |
| 周四 | 经常 | 偶尔 | 没有 |
| 周五 | 经常 | 偶尔 | 没有 |

挑战性行为描述：
_____
_____
评论：
_____
_____

## 小组活动 ☺

| 日期 | 挑战性行为的程度 | | |
|---|---|---|---|
| 周一 | 经常 | 偶尔 | 没有 |
| 周二 | 经常 | 偶尔 | 没有 |
| 周三 | 经常 | 偶尔 | 没有 |
| 周四 | 经常 | 偶尔 | 没有 |
| 周五 | 经常 | 偶尔 | 没有 |

挑战性行为描述：
_____
_____
评论：
_____
_____

## 午睡时间 ☺

| 日期 | 挑战性行为的程度 | | |
|---|---|---|---|
| 周一 | 经常 | 偶尔 | 没有 |
| 周二 | 经常 | 偶尔 | 没有 |
| 周三 | 经常 | 偶尔 | 没有 |
| 周四 | 经常 | 偶尔 | 没有 |
| 周五 | 经常 | 偶尔 | 没有 |

挑战性行为描述：
_____
_____
评论：
_____
_____

## 过渡环节 ☺

| 日期 | 挑战性行为的程度 | | |
|---|---|---|---|
| 周一 | 经常 | 偶尔 | 没有 |
| 周二 | 经常 | 偶尔 | 没有 |
| 周三 | 经常 | 偶尔 | 没有 |
| 周四 | 经常 | 偶尔 | 没有 |
| 周五 | 经常 | 偶尔 | 没有 |

挑战性行为描述：
_____
_____
评论：
_____
_____

其他 ☺

| 日期 | 挑战性行为的程度 | | |
|---|---|---|---|
| 周一 | 经常 | 偶尔 | 没有 |
| 周二 | 经常 | 偶尔 | 没有 |
| 周三 | 经常 | 偶尔 | 没有 |
| 周四 | 经常 | 偶尔 | 没有 |
| 周五 | 经常 | 偶尔 | 没有 |

挑战性行为描述：_____
_____

评论：_____
_____

## 附录 D　意义生成图

儿童姓名：_____　观察者：_____　日期：_____　时间：_____

**A：先前的情况**

之前发生了什么？

描述：

```
┌─────────────────────────────────────────────────────┐
│                                                     │
│                                                     │
│                                                     │
└─────────────────────────────────────────────────────┘
```

或者勾选适宜的选项：

☐ 有挑战性的活动　　　　　　　　　☐ 被告知或要求做某事

☐ 孩子们不喜欢的活动　　　　　　　☐ 被告知"不""不要"或"停止"

☐ 被调整或结束的活动　　　　　　　☐ 关注他人

☐ 转换活动或地点　　　　　　　　　☐ 被某人感动

☐ 另一个同伴加入或者进入私人　　　☐ 有人拿走了物品
　　空间　　　　　　　　　　　　　☐ 想玩其他同伴手里的玩具/材料

☐ 非结构化的活动　　　　　　　　　☐ 想和别人一起玩

☐ 不舒服的环境（太冷、太热、　　　☐ 拒绝和其他同伴一起玩
　　太吵等）　　　　　　　　　　　☐ 同伴令自己心烦意乱

☐ 坐着超过 15 分钟

**B：行为**

优先选择一天中最具挑战性或最令人担忧的行为或时间。

描述：

☉ 多久一次？_____ / 每周    ☉ 多长时间？_____ / 每周

☉ 强度：　　　1　　　2　　　3　　　4　　　5

（画圈）　　轻度　　　　　　　　　严重

孩子的兴趣 / 长处：

**C：结果**

之后发生了什么？

描述：

或者勾选适宜的选项：

☐ 被给予关注（被拥抱，与另一个成人单独相处，被其他孩子笑）

☐ 被给予帮助

☐ 被给予安慰

☐ 因行为适宜而得到奖励

☐ 被成人忽视

☐ 被其他孩子忽视

☐ 和教师谈论行为

☐ 继续坐着

☐ 被告知规则

☐ 没有按要求去做

☐ 后来才按要求去做

☐ 被要求参与另外的活动

☐ 被要求暂停活动/离开区域

☐ 被送到另一个房间

成人有什么反应？

其他孩子有什么反应？

**行为目的**

描述：

或者勾选适宜的选项：

为了获得

- ☐ 活动
- ☐ 帮助
- ☐ 位置
- ☐ 物品
- ☐ 食物
- ☐ 刺激
- ☐ 人
- ☐ 注意
- ☐ 其他：_____

为了避免

- ☐ 活动
- ☐ 帮助
- ☐ 位置
- ☐ 物品
- ☐ 食物
- ☐ 刺激
- ☐ 人
- ☐ 注意
- ☐ 其他：_____

**生活方式的改变**

- 人员缺席
- 近期患病（或家人患病）
- 家里有新生儿或新的家庭成员
- 常规的改变
- 缺少活动或玩具
- 意外丢失物品
- 睡眠不足
- 最近没有做过牙科检查
- 不喝水或抗拒某种食物
- 便秘或腹泻
- 最近没有做过视力检查
- 照护者在校或工作时间较长
- 其他（请详细说明）：_____

| 改变自己 | | 改变孩子 | 改变后果 |
| --- | --- | --- | --- |
| 勾选所有适宜的选项 | | | 勾选所有适宜的选项 |
| ☐使用积极的语言，告知孩子做什么。 | ☐向孩子展示可以打或咬的物品。 | • 教授平静呼吸法或"塔克乌龟法"。 | ☐在孩子做了正确的事情后给予其关注。 |
| ☐使用可视化图卡向孩子说明活动的顺序或常规。 | ☐更改活动的位置。 | • 用故事教孩子新技能。 | ☐给予帮助之前，对孩子使用"帮助手势"（如手拉手）。 |
| ☐让孩子用骰子或图片来选择活动的顺序。 | ☐减少消极等待时间或增强等待的积极意义。 | • 用玩偶或歌曲教孩子做事。 | ☐让孩子选择一个积极的结果。 |
| ☐使用计时器来统计活动时长。 | ☐总是让孩子先走。 | • 教孩子用手势或可视化工具来交流。 | ☐对孩子的正确行为给予奖励。 |
| ☐花更多时间和孩子积极互动。 | ☐提前解释规则和期望。 | • 用游戏的方式教育孩子。 | ☐在孩子做了正确的事情后给予安慰。 |
| ☐每天执行规则。 | ☐使用图示和文字来加强孩子对规则和期望的理解。 | • 用玩具教孩子因果关系。 | ☐小声说话，以引起孩子的注意。 |
| ☐使用"先……，然后……"的表达方式。 | ☐表演故事。 | • 通过分享中心或好友照片教授分享。 | ☐使用奖励机制来鼓励孩子掌握新技能。 |
| ☐增加孩子对活动的兴趣。 | ☐让孩子一边听故事，一边涂色。 | • 教孩子离开。 | ☐向孩子展示他正在做的所有正确的事情。 |
| ☐在活动中增加运动或调动感官的机会。 | ☐用玩偶吸引孩子的注意力。 | • 教孩子用忽视或其他相关策略来解决问题。 | ☐用语言或图示提醒孩子该做什么。 |
| ☐告知孩子活动结束的时间，或者给孩子一个提示。 | ☐让孩子站着学习。 | | ☐给孩子讲有关社会性发展的故事。 |
| ☐去一个刺激较少的环境。 | ☐给家长一份分步骤的幼儿园常规活动安排示意图。 | | ☐给孩子活动的时间。 |
| ☐用毯子盖住让孩子分散注意力的物品。 | ☐给予孩子多种感官休息的机会。 | | ☐在孩子表现出适宜性行为后，奖励孩子去另一个房间或办公室。 |
| | | | ☐在孩子表现出适宜性行为后，奖励孩子坐在你的腿上。 |

# 参考文献

Abercrombie, M. L. J. 1989. *The Anatomy of Judgement: An Investigation into the Processes of Perception and Reasoning*. London, UK: Free Association.

Adams, Jennifer. 2008. "Preschool Aggression within the Social Context: A Study of Families, Teachers, and the Classroom Environment." Doctoral diss. Tallahassee, FL: Florida State University.

Administration for Children and Families and US Department of Health and Human Services. 2006. *Depression in the Lives of Early Head Start Families: Research to Practice Brief*. Washington, DC: Administration for Children and Families.

Allen, K. Eileen, et al. 1964. "Effects of Social Reinforcement on Isolate Behavior of a Nursery School Child." *Child Development* 35(2): 511–518.

Alluri, Vinoo, et al. 2012. "Large-Scale Brain Networks Emerge from Dynamic Processing of Musical Timbre, Key, and Rhythm." *NeuroImage* 59(4): 3677–3689.

Almeida, David, et al. 2005. "Do Daily Stress Processes Account for Socioeconomic Health Disparities?" Special issue, *The Journals of Gerontology: Series B* 60(2): S34–S39.

American Academy of Child and Adolescent Psychiatry. 2017. "Lying and Children." American Academy of Child and Adolescent Psychiatry.

---

① 为了环保，也为了节省您的购书开支，本书的参考文献不在此一一列出。如果您需要完整的参考文献，请通过电子邮箱 1012305542@qq.com 联系下载，或者登录 www.wqedu.com 下载。您在下载中遇到问题，可拨打 010-65181109 咨询。

American Academy of Pediatrics. 2018. "Discipline." American Academy of Pediatrics.

American Academy of Pediatrics. 2018. "Preschool." HealthyChildren.

American Counseling Association's Traumatology Interest Network. n.d. "Disaster and Trauma Responses of Children." American Counseling Association.

American Psychiatric Association. 2013a. *Diagnostic and Statistical Manual of Mental Disorders.* 5th ed. Washington, DC: American Psychiatric Association Publishing.

American Psychological Association. 2018. "Bullying." American Psychological Association.

Anand, Kanwaljeet, and Paul Hickey. 1987. "Pain and Its Effects in the Human Neonate and Fetus." *New England Journal of Medicine* 317(21): 1321–1329.

Anand, Kanwaljeet, and Paul Hickey. 1992. "Halothane-Morphine Compared with High-Dose Sufentanil for Anesthesia and Post-Operative Analgesia in Neonatal Cardiac Surgery." *New England Journal of Medicine* 326(1): 1–9.

Archer, Deborah. 2009. "Introduction: Challenging the School-to-Prison Pipeline." *New York Law School Law Review* 54: 867–872.

Arcia, Emily. 2006. "Achievement and Enrollment Status of Suspended Students: Outcomes in a Large, Multicultural School District." *Education and Urban Society* 38(3): 359–369.

Arnold, David, Lorette McWilliams, and Elizabeth Arnold. 1998. "Teacher Discipline and Child Misbehavior in Day Care: Untangling Causality with Correlational Data." *Developmental Psychology* 34(2): 276–287.

Balfanz, Robert, et al. 2013. *Building a Grad Nation: Progress and Challenge in Ending the High School Dropout Epidemic—2013 Annual Update.* Washington, DC: Civic Enterprises, the Everyone Graduates Center at Johns Hopkins University School of Education, America's Promise Alliance, and the Alliance for Excellent Education.

Balfanz, Robert, Vaughan Byrnes, and Joanna Fox. 2014. "Sent Home and Put Off-Track: The Antecedents, Disproportionalities, and Consequences of Being Suspended in the Ninth Grade." *Journal of Applied Research on Children: Informing Policy for Children at Risk* 5(2): 1–19.

Barker, Jane, et al. 2014. "Less-Structured Time in Children's Daily Lives Predicts Self-Directed Executive Functioning." *Frontiers in Psychology* 5: 593.

Barth, Joan, et al. 2004. "Classroom Environment Influences on Aggression, Peer Relations, and Academic Focus." *Journal of School Psychology* 42(2): 115–133.